मुझे बनना है सुपर अमीर

जिस व्यक्ति विलियम बर्नेट बेंटन से मिलनेवाले हैं, वह भी शुरू-शुरू में हमारे-आपके जैसा जनसाधारण ही था, लेकिन बाद में विज्ञापन अभिकरण (एडवरटाइजिंग एजेंसी) का सह-संस्थापक बना, फिर कनेक्टिकट राज्य से संयुक्त राज्य अमेरिका का सीनेट सदस्य और अंत में इनसाइक्लोपीडिया ब्रिटानिका का एकमात्र स्वामी (सोल ओनर) व प्रकाशक (पब्लिशर) बना। अखबार-पत्रिकाओं में विलियम बेंटन के व्यक्तित्व की तुलना धीमी आवाज में घूमनेवाले डायनेमो यानी बिजली उत्पादक यंत्र से की जाती थी। मतलब, बेंटन लगातार उच्च ऊर्जा तो उत्पन्न करनेवाला डायनेमो जैसा व्यक्ति था, लेकिन उसके व्यक्तित्व से उच्च विद्युत् के आतंकित करनेवाले झटके नहीं निकलते थे। बड़ी उपलब्धि हासिल करनेवाले अधिकांश व्यक्तियों से उलट बेंटन का जीवन आमतौर पर शांत, धीमा व व्यवस्थित था। उसकी उपलब्धि चौंकनेवाली नहीं थी, बल्कि सबकुछ एक क्रम में कदम-दर-कदम आगे बढ़ता हुआ था। इसके कोई शक नहीं कि उसने बड़े-बड़े जोखिम उठाए थे। उसे अपने पेशेवर जीवन की शुरुआत में ही यह समझ आ गई थी कि वेतन से कोई भी धनी नहीं बन सकता। यही कारण था कि उसने स्वेच्छा से तथाकथित सुरक्षित नौकरी छोड़ दी थी और स्व-रोजगार (सेल्फ एंप्लॉयमेंट) के डरावने क्षेत्र को अपनाने का बड़ा जोखिम उठाया था।

वरिष्ठ पत्रकार **प्रदीप ठाकुर** को भारत के प्रमुख मीडिया समूहों (दिल्ली प्रेस, अमर उजाला व दैनिक जागरण) में विभिन्न संपादकीय पदों पर काम करने और विविध विषयों पर लिखने व विश्लेषण प्रस्तुत करने का दो दशक से भी अधिक समय का अनुभव प्राप्त है। उनकी अंग्रेजी में प्रकाशित कृतियाँ हैं : 'टाटा नैनो : द पीपल्स कार', 'कैरीइंग धीरूभाई', 'विजन फॉरवर्ड : मुकेश अंबानी', 'द शाइनिंग स्टार ऑफ अमेरिका एंड द वर्ल्ड : बराक ओबामा', 'द किंग ऑफ स्टील : लक्ष्मी एन. मित्तल', 'अन्ना हजारे : द फेस ऑफ इंडिया अगेंस्ट करप्शन', 'एंजेलीना जोली : इज शी द मोस्ट पॉवरफुल सेलिब्रिटी' और 'टाइगर इन द वुड्स : द स्टोरी ऑफ नं. 1 स्पोर्ट्स-ब्रांड टाइगर वुड्स'।

मुझे बनना है
सुपर अमीर

20वीं सदी के विश्वप्रसिद्ध अरबपतियों की
सक्सेस गाथाओं से सीखें

प्रदीप ठाकुर

प्रभात
पेपरबैक्स
www.prabhatbooks.com

प्रकाशक

प्रभात पेपरबैक्स

4/19 आसफ अली रोड, नई दिल्ली–110002

फोन : 23289777 • हेल्पलाइन नं. : 7827007777

इ–मेल : prabhatbooks@gmail.com ❖ वेब ठिकाना : www.prabhatbooks.com

संस्करण

प्रथम, 2018

मूल्य

एक सौ पचास रुपए

अ.मा.पु.स. 978-93-5266-630-0

मुद्रक

आर–टेक ऑफसेट प्रिंटर्स, दिल्ली

MUJHE BANNA HAI SUPER AMEER
by Pradeep Thakur

Published by **PRABHAT PAPERBACKS**
4/19 Asaf Ali Road, New Delhi-110002

ISBN 978-93-5266-630-0

₹150.00

मेरी पूर्णकालिक लेखन-यात्रा को
संभव बनानेवाली धर्मपत्नी किरण और
मुझे हमेशा उत्साहित रखनेवाले
सुपुत्रों प्रभाकर, पुष्कर व भाष्कर
को
सस्नेह समर्पित

भूमिका

बड़ा धनवान बनना आसान नहीं होता। यह अदम्य साहस व अथक धैर्य की प्रक्रिया है। इसके लिए कड़ी मेहनत के साथ लगातार काम करना पड़ता है। इसके लिए आत्म-आश्वासन की आवश्यकता होती है। हम इन विशेषताओं की तुलना विद्युत् संचालन शक्ति (वोल्टेज) से कर सकते हैं। हर व्यक्ति-विशेष में विशेषताओं की विद्युत् संचालन शक्ति होती है, लेकिन बहुत अधिक सफल व बड़े धनवान वही बन पाते हैं, जिनमें हर समय इन विशेषताओं की उच्च विद्युत् संचालन शक्ति प्रवाहित होती रहती है।

इस समूची पुस्तक में आप ऐसे उग्र उच्च विद्युत्-क्षमताओं वाले 20वीं सदी के विश्व प्रसिद्ध नौ व्यक्तित्वों से रोचक कहानियाँ पढ़नेवाले हैं, जिन्होंने धनवान बनने के अनोखे रास्ते ढूँढ़े थे। पहले अध्याय में विलियम बेंटन से मिलेंगे, जो जुनून के बिना भी धनवान बन जाने में सफल रहा था। दूसरे अध्याय में विलियम क्लेमेंट स्टोन नामक अद्भुत बिक्रीकर्म से भेंट होगी, जो देखते-ही-देखते बीमा-बादशाह बन बैठा था। तीसरे अध्याय में जोसेफ हिर्शहॉर्न नामक जुनूनी सट्टेबाज का वर्णन मिलेगा, जो स्वामित्व-बाजार (स्टॉक मार्केट) में अन्य कारोबारियों से बिल्कुल अलग था; वह हमेशा नई खोज पर दाँव खेलता था और दूसरे खिलाड़ियों को पता चलने से पहले ही सारा खेल खत्म कर चुका होता था। चौथे अध्याय में विद्युत् अभियंता बर्नार्ड कॉर्नफील्ड की कहानी है, जिसने धनी बनने के लिए पारस्परिक

निधि (म्युच्युअल फंड) को अपना साधन बनाया था। पाँचवें अध्याय में रहस्यमय उद्यमी हॉवर्ड ह्यूजेस के बारे में आपको पढ़ने को मिलेगा, जिसने धनवान बनने के विविधतापूर्ण-निवेश का रास्ता चुना था। छठा अध्याय जीन पॉल गेट्टी की कहानी सुनाता है, जिसे तेल-कुआँ की खोज व खुदाई की महारत हासिल थी, उसने अपनी क्षमता से स्वयं को अपने समय में विश्व का सबसे धनी व्यक्ति भी बना लिया था। सातवें अध्याय में बिल लेअर नामक ऐसे हरफनमौला आविष्कारक की कहानी प्रस्तुत की गई है, जिसने रेडियो से लेकर विमान बनाने तक में स्वयं को सक्षम सिद्ध किया था और बड़ा धनवान बनने में भी सफल रहा था। आठवाँ अध्याय विशेषज्ञ खोजी एडविन लैंड की कथा कहता है, जिसने एकमात्र पोलोराइड के आविष्कार से स्वयं को सफल बनाया था। और नौवें अध्याय में आप कॉनराड हिल्टन के बारे में पढ़नेवाले हैं, जिसने अपने होटल साम्राज्य का निर्माण दूसरों की पूँजी से किया था।

हो सकता है कि आप उन्हें अतिमानव भी मान लें, लेकिन यही तो हमारी भूल है, जिसके चलते हम अपनी अंतर्निहित विशेषताओं को उजागर होने का अवसर नहीं देते हैं।

मुझे विश्वास है कि ये कहानियाँ सुधी पाठकों को अपने जीवन में सफल होने के लिए प्रेरित करेंगी।

—प्रदीप ठाकुर

अनुक्रम

अध्याय-1

विलियम बेंटन : जुनून के बिना भी बन गया धनवान्

बड़ा धनवान् बनना आसान नहीं होता। यह अदम्य साहस व अथक धैर्य की प्रक्रिया है। इसके लिए कड़ी मेहनत के साथ लगातार काम करना पड़ता है। इसके लिए आत्म-आश्वासन (सेल्फ एश्योरेंस), यानी खुद पर विश्वास बनाए रखने की जरूरत पड़ती है। इन गुणों के साथ-साथ इसके लिए लगभग अति मानवों (सुपर ह्यूमन) जैसी विशेषताएँ भी चाहिए। जब साधारण आदमी भी खुद को अच्छा महसूस करता है तो कभी-कभी ऐसी ही कुछ विशेषताओं को प्रदर्शित कर सकता है; लेकिन वे काफी नहीं होतीं। हम इन विशेषताओं की तुलना विद्युत् संचालन शक्ति (वोल्टेज) से कर सकते हैं। हर व्यक्ति विशेष में विशेषताओं की विद्युत् संचालन शक्ति होती है; लेकिन बेहद सफल व बड़े धनवान् वही बन पाते हैं, जिनमें हर समय अति मानवीय गुणों की उच्च विद्युत् संचालन शक्ति (हाई वोल्टेज) प्रवाहित होती रहती है। जी हाँ, हर क्षण, चौबीस घंटे व बारह महीने मौजूद कार्य की उच्च विद्युत् संचालन शक्ति व आत्म-आश्वासन ही व्यक्ति विशेष को बड़ी सफलताओं के लिए प्रेरित करते रहते हैं।

इस अध्याय में ही नहीं, समूची पुस्तक में हम ऐसे उग्र उच्च विद्युत्-क्षमताओं वाले व्यक्तित्वों से मिलने वाले हैं, जिन्हें देखकर हमें आश्चर्य होगा कि उनके दु:साहसपूर्ण कार्यों, जो अकसर उपद्रवों से कम नहीं होते,

को झटके क्यों नहीं लगते। असल में, उनकी तुलना में औसत व्यक्तियों के ऊर्जा उत्पादन की क्षमता नगण्य होती है। वे इतने बड़े-बड़े काम करते हैं कि लगता है कि वे जन्मजात रूप से विलक्षण प्रतिभा के मालिक हैं। सचमुच, उनके मस्तिष्क की क्षमताओं की दाद देनी पड़ेगी कि उनमें कभी भी खत्म नहीं होनेवाले कैसे-कैसे अद्भुत विचारों के प्रवाह होते रहते हैं। वे लोग हमेशा इतने बड़े-बड़े जोखिम भरे कारनामों को अंजाम देते रहते हैं कि तनिक सी चूक भी उन्हें आसमान से जमीन पर ला पटकने के लिए काफी नजर आती है, लेकिन रोचक तथ्य है कि उनके चेहरों पर तनिक भी चिंता की लकीरें नहीं दिखाई देतीं। उलटे वे हमेशा आत्मविश्वास से लबालब होते हैं।

ऐसा लगता है मानो वे ऐसे ही कामों के लिए पैदा हुए हों। कई बार ऐसा लगता है कि वे सामान्य मानव से बहुत कुछ अलग हैं। तभी तो, वे ऐसे काम करते रहते हैं, जो मानव समुदाय के अधिकांश लोगों की सोच व हिम्मत से बाहर की चीज होती है। यही कारण है कि हम उन्हें अति मानव मान लेते हैं और उनके कार्य-व्यवहारों की नकल करने से घबरा जाते हैं। हम ऐसा सोचने से बाज नहीं आते हैं कि वे हम लोगों से बिल्कुल अलग, किसी विशिष्ट व उच्च प्रजाति के लोग हैं। वे लोग जो करते हैं, वह किसी दूसरे के लिए कर पाना संभव नहीं है। उनके जैसे साहसिक कार्य हमारे जैसे जनसाधारण के लिए नहीं हैं। यही तो हमारी भूल है, जिसके चलते हम अपनी अंतर्निहित विशेषताओं को उजागर होने का मौका नहीं देते हैं और उन कामों को भी शुरू करने से पहले ही डर जाते हैं, जो हम अपनी लगन व मेहनत से स्वाभाविक रूप से हासिल कर सकते हैं।

अभी हम जिस व्यक्ति विलियम बर्नेट बेंटन से मिलने वाले हैं, वह भी शुरू-शुरू में हमारे-आपके जैसा साधारण व्यक्ति ही था, लेकिन बाद में विज्ञापन एजेंसी (एडवरटाइजिंग एजेंसी) का सह-संस्थापक बना, फिर कनेक्टिकट राज्य से संयुक्त राज्य अमेरिका का सीनेट सदस्य और अंत में 'एनसाइक्लोपीडिया ब्रिटानिका' का एकमात्र स्वामी (सोल ओनर) व प्रकाशक (पब्लिशर) बना। अखबार व पत्रिकाओं में विलियम बेंटन के

व्यक्तित्व की तुलना धीमी आवाज में घूमनेवाले डाइनेमो यानी बिजली उत्पादक यंत्र से की जाती थी, यानी बेंटन लगातार उच्च ऊर्जा को उत्पन्न करनेवाला डाइनेमो जैसा व्यक्ति था। लेकिन उसके व्यक्तित्व से उच्च विद्युत् के आतंकित करनेवाले झटके नहीं निकलते थे। बड़ी उपलब्धि हासिल करनेवाले अधिकांश व्यक्तियों से उलट बेंटन का जीवन आमतौर पर शांत, धीमा व व्यवस्थित था। उसकी उपलब्धि चौंकानेवाली नहीं थी, बल्कि सबकुछ एक क्रम में कदम-दर-कदम आगे बढ़ता हुआ था। इसमें कोई शक नहीं कि उसने बड़े-बड़े जोखिम उठाए थे। उसे अपने पेशेवर जीवन की शुरुआत में ही यह बात समझ में आ गई थी कि कोई भी वेतन से धनी नहीं बन सकता। यही कारण था कि उसने स्वेच्छा से तथाकथित सुरक्षित नौकरी छोड़ दी थी और स्व-रोजगार (सेल्फ एंप्लॉयमेंट) के डरावने क्षेत्र को अपनाने का बड़ा जोखिम उठाया था।

वैसे, बेंटन ने जोखिम को झेल सकने की हद में ही रखने की कोशिश की थी। वह साधारण शुरुआत से संतुष्ट था और धीरे-धीरे अपने सौभाग्य के निर्माण में जुटा रहा था। उसने अन्य करोड़पतियों की तरह ऐसी किसी खयाली परियोजना पर अपना सबकुछ दाँव पर नहीं लगाया था, जो उसे एक झटके में आसमान पर पहुँचा दे या फिर जमीन पर ला पटके। उसने ऐसा कुछ भी नहीं किया था, जो असाधारण या चौंकानेवाला हो। वह आमतौर पर स्थापित व्यापार-व्यवहारों के दायरे में रहते हुए चले-चलाए रास्ते पर ही चलता रहा था। एक अच्छे पर्वतारोही (माउंटेन क्लाइंबर) की तरह बेंटन ने ऊपर चढ़ने की कोशिश करने से पहले अपने हाथ से पकड़ी चीजों की मजबूती को आजमाया था। असल में, बेंटन की चढ़ाई के क्रम में शांति व संतोष का भाव झलकता था। संभवत: इसका सबसे बड़ा कारण यह था कि उसमें कभी भी बहुत बड़ा धनी बनने की चाहत नहीं थी। उसमें अधिकांश महत्त्वाकांक्षी व्यक्तियों की तरह अपने लक्ष्य की तरफ भागते रहने की आकुलता या हड़बड़ी नहीं थी। उसने अपने पेशेवर जीवन की शुरुआत में ही निश्चित कर लिया था कि जब उसके पास आरामदायक स्तर का धन आ जाएगा तो वह कारोबार

छोड़ देगा। 35 वर्ष की उम्र में उसने ऐसा ही किया भी था; लेकिन परिस्थितियाँ ऐसी बनीं कि वह अचानक धनी बन गया।

बेंटन ने ऐसा कभी सोचा नहीं था। उसके लिए खुद का अचानक बहुत धनी हो जाना एक दुर्घटना जैसा ही था। असल में, बेंटन को कई बार इस सच्चाई से चिढ़ भी होती थी। यही कारण था कि जब सन् 1968 में 'फॉर्च्यून' पत्रिका ने अमेरिका के सबसे धनवान् लोगों की सूची में बेंटन को शामिल किया था तो वह बहुत दुःखी हुआ था। बेंटन ने तीखी बहस की थी। वह धनी नहीं था, इसीलिए वह व्यक्तिगत रूप से मध्यम स्तरीय जीवन जी रहा था। उसने तर्क दिया था कि चूँकि उसकी सारी संपत्ति ब्रिटानिका से बँधी हुई थी और उसका कंपनी को बेचकर खर्च करने योग्य नकदी में बदलने का कोई इरादा नहीं था, इसलिए उसे धनी लोगों की सूची में रखना न केवल भूल थी, बल्कि एक ढीठ कोशिश भी थी। साफ है कि बेंटन की यह प्रतिक्रिया 'फॉर्च्यून' पत्रिका के संपादकों को भारी उलझन में डालनेवाली थी। फिर उन्होंने जवाब दिया था कि व्यक्ति विशेष के धन का मूल्यांकन उसके आज के स्वामित्व की संपत्तियों के आधार पर किया जाता है, न कि उसके भविष्य के इरादे पर। उन्होंने कहा था कि ब्रिटानिका साफतौर पर धन की पोटली थी, चाहे बेंटन इसे किसी भी रूप में क्यों न देखता हो।

'फॉर्च्यून' के संपादकों का जवाब ठोस तथ्यात्मक आधार पर खड़ा था; लेकिन क्या हम बेंटन के भावात्मक तर्क को सिरे से खारिज कर सकते हैं? इसका उत्तर 'हाँ' भी हो सकता है और 'ना' भी। यदि हम या आप बेंटन से धनवान् बनने का नुस्खा चाहते हैं तो उसके तरीके को अपनाना सर्वोत्तम नहीं हो सकता। जैसा कि हम इस पुस्तक में धनवानों के कार्य-व्यवहारों का ही अध्ययन करने जा रहे हैं, आपको बेंटन जैसा कोई नहीं मिलेगा, जो उसकी तरह बेपरवाह व अल्हड़ दृष्टिकोण अपनाकर भी बहुत धनी बन गया हो। आपको सितारों की चमक-दमकवाले अधिकांश धनवान् स्वभाव से बाध्यकारी (कंपल्सिव) व विद्रोही (मावेरिक) ही मिलेंगे। उनमें से कुछ लोग तो पागलपन की हद तक जुनूनी माने जाते हैं और कई लाक्षणिक दृष्टि

से पागल (क्लिनिकली मैड) भी हो सकते हैं। उन्होंने रोंगटे खड़े कर देनेवाले जोखिम उठाए हैं और ऐसे-ऐसे काम कर दिखाए हैं, जिनके बारे में हर कोई निश्चित था कि वे नहीं किए जा सकते थे। उन लोगों ने जब अपने पेशेवर जीवन शुरू किए थे तो सभी परंपरागत कारोबारी उनके उद्यमों को तब तक अस्वस्थ, अस्थिर व सफल होने की संभावना से दूर ही करार देते रहे थे, जब तक कि उनके द्वारा 10 करोड़ डॉलर या उससे भी अधिक के परम औचित्य (अल्टीमेट जस्टीफिकेशन) साबित नहीं हो गए थे। जी हाँ, यदि वैसे लोग आज भी हमारे सामने खड़े हों तो हम उन्हें नौकरी के लिए भी योग्य नहीं मान सकेंगे। स्पष्ट है कि हममें से संभवत: कोई भी बेंटन के शांत, धीमे, धैर्यवान् व परंपरागत तरीके को अपनाकर 10 करोड़ डॉलर कमाने की सोच नहीं सकेगा; लेकिन यह हकीकत है, बेंटन अपने ही तरीके से धनवान् बना तो कुछ हद तक ही सही, यह तो मानना ही पड़ेगा कि ऐसा भी संभव है।

माँ की ऊँची उम्मीदों पर खरा बालक : विलियम बर्नेट 'बिल' बेंटन का जन्म 1 अप्रैल, 1900 को मध्य पश्चिमी अमेरिकी राज्य मिनिसोटा के सबसे बड़े महानगर मिनियापोलिस में हुआ था। हम उसे 'सदी का बालक' कह सकते हैं। उनके पिता महाविद्यालय के प्राध्यापक (कॉलेज प्रोफेसर) थे। वह बहुत ही शांत स्वभाव के व्यक्ति थे। बिल किशोरावस्था में था, जब वह चल बसे थे। यदि वह जिंदा रहे भी होते तो भी शायद उनका अपने बेटे पर कम ही असर हुआ होता। उसकी माँ विद्यालय शिक्षिका थी, जिसने बिल व उसके छोटे भाई डैन को अपनी मामूली आमदनी में भी पाला-पोसा था; लेकिन वह अपने पति से बिल्कुल अलग प्रकार की थी। वह कभी भी हार नहीं माननेवाली, बड़ी बुद्धिमान, दृढ इच्छा-शक्ति संपन्न व अचल विचारोंवाली महिला थी। उसके पिता स्वतंत्रता सेनानी थे और वह 'डॉटर्स ऑफ अमेरिकन रेवोल्यूशन' की सदस्य थी। वह ईसाई महिलाओं के धार्मिक आचरण की कट्टर समर्थक थी, इसीलिए 'वीमेंस क्रिश्चियन टेंपरेंस यूनियन' की सक्रिय सदस्य भी थी। इसके साथ ही वह अन्य सामाजिक चेतना संबंधी गतिविधियों में बढ़-चढ़कर हिस्सा लेती थी। साफ है कि बिल बेंटन चाहे बालक रहा हो या जवान या

फिर वयस्क, उसे अपनी माँ के विचारों के साए में ही पलना पड़ा था। जब कभी उसने माँ द्वारा बनाई गई नैतिकता की सीमा को लाँघा तो उसे अपनी माँ को समझाना-बुझाना पड़ा था और अनुमति हासिल करनी पड़ी थी, चाहे वह सिनेमा जाने के लिए 50 सेंट खर्च करने का औचित्य हो या फिर कोई अन्य अनुमति, बिल ने अपनी माँ की 'हाँ' के बिना ऐसा कुछ भी करने की हिम्मत नहीं जुटाई थी, जो नैतिक अनुशासन के दायरे से बाहर रहा हो।

सिडनी ह्यूमन द्वारा रचित जीवनी 'द लाइव्स ऑफ विलियम बेंटन' (यूनिवर्सिटी ऑफ शिकागो प्रेस, 1970) के मुताबिक, विद्यालय की पढ़ाई में बिल बेंटन हमेशा अव्वल ही रहा था; लेकिन वह न तो लंबा था, न ही सुंदर और न ही खेल-कूद में ही हिस्सा लेता था। इन सामाजिक कमियों को बेंटन ने अपनी गजब की नेतृत्व क्षमता से पूरा किया था। वह जहाँ भी पढ़ा था, वहाँ अपनी कक्षा के मॉनीटर के रूप में विभिन्न सामाजिक गतिविधियों के लिए निधियाँ इकट्‌ठा करने तथा नृत्य सभाओं के आयोजनों में अति सक्रिय भूमिकाएँ निभाता रहा था। उसकी माँ की हमेशा माँग रहती थी कि बेंटन अग्रगण्य रहे, जो उसके लिए बहुत ही आसान बात थी। लेकिन, बेंटन के भाई डैन के लिए अपनी माँ की अपेक्षाएँ इतनी ऊँची साबित हुईं, जिन पर वह कभी भी खरा नहीं उतर सका था। डैन विद्यालय में बिना कोई विशिष्टता हासिल किए ही थका-थका-सा आगे बढ़ता रहा था और अपनी माँ की नजरों में असफल ही रहा था। दुर्भाग्य से डैन को वयस्क के रूप में अपनी पूर्ण संभावनाओं को प्रदर्शित करने का मौका ही नहीं मिला, क्योंकि वह किशोरावस्था में विषाणु संक्रमण (वायरल इन्फेक्शन) का शिकार हो गया था। हो सकता था कि डैन की प्रतिभा देर से निखरकर सामने आ पाती, जैसा कि कई बड़ी सफलता हासिल करनेवालों में देखने को मिलता है; लेकिन यदि शुरुआती प्रदर्शन पर ही फैसला करें तो डैन हारे हुए व्यक्ति के रूप में डूब गया था।

अब सवाल यह उठता है कि एक माहौल में पले-बढ़े दो व्यक्ति अलग-अलग प्रदर्शन क्यों करते हैं ? यदि एक भाई प्रसिद्धि व सौभाग्य के मार्ग पर

आगे बढ़ने में सफल होता है तो दूसरा भाई कहीं भी क्यों नहीं पहुँच पाता? आखिर वह कौन सी चिनगारी है, जो किसी व्यक्ति में ऐसी आग भड़का देती है कि वह शून्य से करोड़पति-अरबपति बन जाता है! यह चिनगारी कहाँ से आती है? इसे कौन जलाता है? इस प्रश्न का उत्तर किसी ने भी नहीं दिया है, चाहे वह बेंटन हो या उसकी माँ या उसका जीवनी लेखक। लेकिन हम आगे की कहानी में बेंटन की अपार सफलता के रहस्य को जानने की कोशिश करेंगे।

मिनिसोटा की शातुक मिलिट्री एकेडमी (फरिबॉल्ट) व कार्लटन कॉलेज (नॉर्थफील्ड) से पढ़ने के बाद बेंटन छात्रवृत्ति की सहायता से येल विश्वविद्यालय (न्यू हेवन, कनेक्टिकट) में दाखिल हुआ था, जहाँ उसने सन् 1921 में स्नातक की उपाधि हासिल की थी। इस पुस्तक में आप जिन बड़े धनवान् व्यक्तियों के बारे में पढ़ने वाले हैं, उनमें से तीन-चौथाई ने महाविद्यालय से स्नातक नहीं किया था और एक-चौथाई ने तो उच्च विद्यालय की पढ़ाई भी पूरी नहीं की थी। इस तरह, बेंटन उन सब में सबसे अधिक पढ़ा-लिखा तो था। वह बाकी लोगों की तरह विद्रोही स्वभाव (मावेरिक) का भी नहीं था। बेंटन ने बुजुर्गों द्वारा दी जानेवाली मानक सलाह—यदि तुम सफल होना चाहते हो तो शिक्षा ग्रहण करो—को ही माना व अपनाया था।

लॉर्ड एंड थॉमस में प्रतिलेखन : पढ़ाई पूरी करने के बाद बेंटन ने न्यूयॉर्क प्रांत के उटिका (न्यूयॉर्क सिटी से करीब 383 कि.मी. दक्षिण-पूर्व) में कुछ समय तक कैश रजिस्टर (रोकड़-बही की इलेक्ट्रॉनिक मशीन) बेचने का काम किया था और फिर बेहतर आमदनी के अवसर की खोज में न्यूयॉर्क सिटी आ गया था। यहाँ पर बेंटन को विज्ञापन कारोबार में बेहतर उम्मीद नजर आई थी, हालाँकि वह इसकी संभावनाओं के बारे में ज्यादा कुछ जानता नहीं था। उसे 'लॉर्ड एंड थॉमस' नामक विज्ञापन एजेंसी में 25 डॉलर प्रति सप्ताह की नौकरी मिल गई थी। वैसे तो बेंटन बचपन से ही बहुत चंचल व उग्र स्वभाव का बालक रहा था, जो पेशेवर जीवन में आने के बाद और भी उच्च स्तर पर आ गया था, लेकिन बेंटन में उग्रता ऐसी नहीं थी कि वह स्थापित आदर्शों व कार्य-व्यवहारों को तहस-नहस करता हुआ अपने लिए बिल्कुल

नया रास्ता बनाने की कोशिश करे। यही कारण था कि वह लॉर्ड एंड थॉमस के संगठनात्मक ढाँचे में आसानी से समा गया था।

हालाँकि बेंटन ने अपने काम में पूरी ताकत झोंक दी थी और बेहतर नतीजे हासिल करने लगा था, लेकिन उसने अपने व्यवहार को इतना सौम्य व सहज बनाए रखा था कि कोई वरिष्ठ अधिकारी या सहकर्मी उससे नाराज न हो। इस तरह, बेंटन अपने काम को सफल बनाने के मामले में तो बहुत उग्र था, लेकिन उसकी इस कोशिश से किसी को कोई नुकसान नहीं पहुँचता था। विद्यालय या महाविद्यालय में भी बेंटन ने नेतृत्व का यही स्वाभाविक तरीका अपनाया हुआ था। इसीलिए वह सबका नेता भी बना रहा था और सभी का नजदीकी दोस्त भी। किसी सहपाठी को उसकी सक्रियता या उपलब्धि से ईर्ष्या नहीं होती थी और वह सबका प्रिय बना रहा था। नतीजा यह निकला था कि सन् 1925 में लॉर्ड एंड थॉमस प्रबंधन ने बेंटन को कॉपी राइटर के समूह का प्रभारी बना दिया था। जी हाँ, उस समूह के कुछ लोग बेंटन से अधिक उम्र के और उससे अधिक समय से काम करनेवाले अनुभवी लोग भी थे, लेकिन उसके प्रभारी बनाए जाने पर किसी ने कोई विरोध नहीं जताया था। उस समय बेंटन 25 वर्ष का ही था। वह मध्यम कद-काठी का था और उसके चौकोर चेहरे पर पतली तथा आगे से थोड़ी मुड़ी हुई नाक थी। इसीलिए जब वह बाद में सीनेट का सदस्य चुना गया था तो कुछ लोगों ने उसका नाम 'हॉक' (बाज) तो कुछ ने 'हुक' (मछली फँसाने की कँटिया) भी रख दिया था। कुल मिलाकर बेंटन अपनी मुड़ी हुई नाक के कारण शातिर नजर आता था।

वर्ष 1925 के शुरू में बेंटन ने येल विश्वविद्यालय के ही एक नए स्नातक चेस्टर बोवल्स को सहायक नियुक्त किया था। दोनों में जल्द ही गहरी दोस्ती हो गई थी और कुछ वर्षों बाद वे अपनी विज्ञापन एजेंसी शुरू करने की योजना बनाने लगे थे। 1920 के दशक के अंतिम वर्षों में अमेरिकी अर्थव्यवस्था में तेजी का दौर चल रहा था। तब उद्योग-व्यापार के क्षेत्र में चारों तरफ आशावादी माहौल कायम था। ऐसे में बेंटन व बोवल्स ने ऐसी कंपनियों की खोज शुरू कर दी थी, जो नई विज्ञापन एजेंसी के जरिए अपने उत्पादों

को प्रचारित-प्रसारित कराने की इच्छुक हों। उन्हें जनरल फूड्स में उम्मीद की किरण दिखाई दी थी। जनरल फूड्स का मुख्य विज्ञापन प्रबंधक (चीफ एडवरटाइजिंग मैनेजर) उन युवा कॉपी राइटर का प्रशंसक रहा था। उसने बेंटन व बोवल्स को आश्वस्त किया था कि जब कभी वे नई विज्ञापन एजेंसी शुरू करेंगे, जनरल फूड्स अपने विज्ञापन खाते का कुछ हिस्सा उन्हें जरूर देगा।

बेंटन एंड बोवल्स की आशातीत सफलता : जनरल फूड्स से आश्वासन मिलने के बाद लॉर्ड एंड थॉमस के दोनों मित्र कॉपी राइटर ने अपनी विज्ञापन एजेंसी—बेंटन एंड बोवल्स की स्थापना की तैयारियाँ शुरू कर दी थीं। इस 50:50 साझे एजेंसी के लिए दोनों ने कुल 18,000 की शुरुआती पूँजीकरण का फैसला किया था। इस तरह दोनों में से हरेक को 9,000 डॉलर का पूँजी निवेश करना था; लेकिन बिल बेंटन के पास नौकरी के दौरान की गई बचत मात्र 5,000 डॉलर ही था। बेंटन की तुलना में बोवल्स का परिवार अपेक्षाकृत काफी धनी था, इसीलिए उसने बेंटन के हिस्से की शेष बच रही 4,000 डॉलर की पूँजी का इंतजाम व्यक्तिगत कर्ज के रूप में कर दिया था। इस तरह, 15 जुलाई, 1929 को बेंटन एंड बोवल्स का विधिवत् गठन हो गया था। आश्वासन के मुताबिक, जनरल फूड्स ने इस एजेंसी को हेलमैन ब्रांड के मेयोनेज (अंडे की जर्दी में तेल व सिरका फेंट कर तैयार चिकना मिश्रण) व मुरब्बा यौगिक (जैली एडिटिव) के विज्ञापन खाते के संचालन का काम दे दिया था। न्यूयॉर्क के एक छोटे से कार्यालय से बेंटन व बोवल्स ने अपना काम तो शुरू कर दिया था।

लेकिन युवा विज्ञापन कर्मियों को जल्द ही भयानक वैश्विक महामंदी का सामना करना पड़ा था। अभी उन्हें काम शुरू किए डेढ़ महीना ही बीता था कि 4 सितंबर, 1929 को अमेरिकी शेयर बाजारों में गिरावट का दौर शुरू हो गया था। फिर 28-29 अक्तूबर, 1929 को ऐतिहासिक गिरावट दर्ज की गई थी, जिसने समूचे विश्व की अर्थव्यवस्थाओं को करीब एक दशक तक चलनेवाली महामंदी की चपेट में ले लिया था। शुरुआत में ऐसा लगा था कि बेंटन एंड बोवल्स जल्द ही बंद हो जाएगा; लेकिन दोनों युवाओं ने अपने छोटे कारोबार

को किसी तरह चलाए रखा था। ऐसा उन्होंने अपने नवाचारी विचारों की साख के दम पर किया था। ग्राहकों के सामने अखबारों व पत्रिकाओं की तुलना में आकाशवाणी (रेडियो) को अपेक्षाकृत सस्ते व प्रभावी वैकल्पिक विज्ञापन माध्यम के रूप में प्रस्तुत करना भी उन्हीं नवाचारी विचारों में शामिल था।

इसके अलावा, बेंटन लगातार देश भर में घूम-घूमकर संभावनाशील ग्राहकों को यही समझाता रहा था कि कठिन आर्थिक परिस्थितियों में विज्ञापन की लागत घटाने की बजाय उसे बढ़ाकर अधिक-से-अधिक ग्राहकों तक पहुँचने की कोशिश करनी चाहिए। परंपरागत कारोबारी रणनीति तो यही थी कि मंदी के दौरान लागत को न्यूनतम स्तर पर रखा जाए, इसलिए अधिकांश कंपनियों को बेंटन का नवाचारी विचार समझ नहीं आया था। लेकिन जनरल फूड्स व कोलगेट-पामोलिव जैसी ग्राहक-केंद्रित बाजार रणनीति पर चलनेवाली कंपनियों को बेंटन के विचारों में संभावना दिखाई दी थी। उन्होंने धीरे-धीरे बेंटन एंड बोवल्स को पहले से अधिक काम देना शुरू कर दिया था। इस तरह वर्ष 1930 के मध्य तक बेंटन एंड बोवल्स इन दोनों कंपनियों के आधे से अधिक विज्ञापन व्यय को सँभालने लगा था। बेंटन ने इन दोनों ग्राहकों के लिए आकाशवाणी कार्यक्रमों—'फ्रेड एलनस टाउन हॉल' व 'मैक्सवेल हाउस शो बोट' की शुरुआत की थी, जो अपने समय में काफी लोकप्रिय हुए थे। जैसा कि बेंटन ने भविष्यवाणी की थी, आकाशवाणी विज्ञापन उत्पादों की बिक्री बढ़ाने का सशक्त माध्यम साबित हुआ था। इस तरह सन् 1935 में अपनी स्थापना के छह वर्षों में ही बेंटन एंड बोवल्स की कमाई काफी बढ़ गई थी। कंपनी में बिल बेंटन की हिस्सेदारी का मूल्य करीब 10 लाख डॉलर के स्तर तक पहुँच गया था।

विज्ञापन कारोबार से पूर्ण मुक्ति : उस समय बेंटन केवल 35 वर्ष का था। वह लालची नहीं था और उसके लिए इतनी कमाई काफी थी। वह और ज्यादा धनी बनने का इच्छुक नहीं था। महामंदी के कठिन दौर में उसने जबरदस्त मेहनत की थी और अब तक उसकी ऊर्जा पूरी तरह खत्म हो चुकी थी। वह विज्ञापन कारोबार से ऊब चुका था। ऐसे में वह राजनीति या फिर

शिक्षा के क्षेत्र में जाने का विचार करने लगा था। उसे साफ-साफ नहीं पता था कि असल में वह क्या नया करना चाहता था, लेकिन एक बात तय थी कि उसने न्यूयॉर्क में विज्ञापन कारोबार के केंद्र मेडिसन एवेन्यू से कहीं दूर चले जाने का फैसला कर लिया था। जी हाँ, धनवानों के इतिहास में यह अनोखी घटना थी, जब बेंटन ने अपने बेहद संभावनाशील कारोबार से खुद को अलग करने का फैसला कर लिया था। बेंटन बखूबी जानता था कि आनेवाले समय में उसका कारोबार ऐतिहासिक ऊँचाइयों तक पहुँच सकता था; लेकिन उसे करोड़पति-अरबपति बनने की कोई लालसा नहीं थी। असल में, वह धनवानों की सितारों जैसे चमक-दमक, लेकिन भाग-दौड़ भरी जिंदगी को अपनाने के लिए खुद को तैयार नहीं कर सका था। इसकी बजाय उसने खुद के लिए शांतिपूर्ण जीवन को चुना था।

बेंटन ने अपनी हिस्सेदारी को किस्तों में बेच देने का पाँच वर्षों का जटिल सौदा किया था। हरेक किस्त का मूल्य कंपनी के तत्कालीन कारोबार के आधार पर तय किए जाने का सूत्र निर्धारित किया गया था। बेंटन ने एजेंसी में हमेशा के लिए अपना नाम भी बेच दिया था और विज्ञापन कारोबार में कभी भी दुबारा वापस न आने के लिए भी सहमत हो गया।

आकस्मिक निवेश से मोटी कमाई : बेंटन ने अपने धन का कुछ हिस्सा शेयर बाजार में निवेश किया था, लेकिन वर्ष 1937 की गिरावट में उन शेयरों के मूल्य नगण्य रह गए। बेंटन के लिए यह बड़ा झटका था। यह बात ठीक है कि वह बहुत-बहुत अधिक धन नहीं इकट्ठा करना चाहता था, लेकिन इसके साथ-साथ वह यह भी नहीं चाहता था कि उसका धन बरबाद हो जाए। इसीलिए उसे अपने भविष्य के जीवन के लिए चुने गए रास्ते में मामूली बदलाव लाने की जरूरत महसूस हुई थी। बेंटन को एहसास हुआ था कि उसे शेयर बाजार से पूरी तरह कटने की नहीं, बल्कि उसकी चाल को बारीकी को समझने की जरूरत थी। उसे यह समझते हुए भी देर नहीं लगी थी कि जो शेयर उसने खरीदे थे, उसी को बेचकर किसी ने कमाया भी तो था। मतलब, शेयर बाजार में वही लोग कमाई कर पाने में सक्षम थे, जो आम निवेशकों की

तुलना में संबंधित कंपनियों की अंदरूनी स्थितियों को ज्यादा जानते-समझते थे। लेकिन बेंटन किसी भी हालत में एक बार फिर से पूर्णकालिक कारोबार को अपनाने को तैयार नहीं था।

कुछ समय तक बेंटन ऊहापोह की स्थिति में रहा था, फिर उसे अनजाने में ही धन कमाने का वह रास्ता मिल गया था, जिसमें उसे खुद को पूरी तरह से शामिल करने की जरूरत नहीं थी, लेकिन वह अपने निवेश के भविष्य को नियंत्रण में रख सकता था। कैसे? हुआ यूँ कि बेंटन को अपने दोस्त की मदद के लिए महामंदी की मार झेल रही जूता कंपनी में 5,000 डॉलर का निवेश करना पड़ा। अगले एक दशक में उस निवेश का मूल्य 1.25 लाख डॉलर हो गया।

इसी तरह बेंटन ने बिजली के तारों के जरिए रेस्तराओं, कार्यालय भवनों आदि में पृष्ठभूमि संगीत (बैकग्राउंड म्यूजिक) का वितरण-प्रसारण करनेवाली नई कंपनी मुजाक की एक-तिहाई हिस्सेदारी खरीदी थी। इस तरह वह कंपनी कार्यकारी जिम्मेदारी से मुक्त रहते हुए निवेश को नियंत्रित रख सकता था; लेकिन दूसरे हिस्सेदारों के बीच झगड़ा होने के चलते बेंटन को उनकी हिस्सेदारी भी खरीदनी पड़ी थी और कुल 1.30 लाख डॉलर के निवेश से वह कंपनी का एकमात्र स्वामी बन गया था। लेकिन जल्द ही उसने जब मुजाक को बेचा था तो उसे करीब 40 लाख डॉलर मिले थे। ध्यान रहे कि इन दोनों ही मामलों में बेंटन ने कभी भी यह अनुमान नहीं लगाया था कि उसे कई गुना अधिक कमाई का मौका मिलेगा। उसने तो सिर्फ अपने निवेश को नियंत्रित कर पाने भर की कोशिश की थी।

'ब्रिटानिका' का अनमोल उपहार : बेंटन को अपने जीवन में आकस्मिक निवेशों से कमाई का जो सबसे बड़ा व अनमोल उपहार मिला था, वह था 'एनसाइक्लोपीडिया ब्रिटानिका' का स्वामित्व। यह बेंटन के लिए बहुत बड़ी संपत्ति साबित होनी थी, लेकिन तब दूसरों की तरह उसे भी नहीं पता था कि ऐसा भी कुछ होगा।

वर्ष 1768 में 'एनसाइक्लोपीडिया ब्रिटानिका' की स्थापना एडिनबर्ग

(स्कॉटलैंड, ब्रिटेन) में हुई थी। सन् 1920 में अमेरिकी विभागीय भंडार शृंखला—सियर्स को, रोबक एंड कंपनी (शिकागो, इलिनॉइस) ने अधिग्रहीत कर लिया था। तब तक 'एनसाइक्लोपीडिया ब्रिटानिका' के 11 संस्करण प्रकाशित हो चुके थे। सियर्स ने 12वें व 13वें संस्करणों के बाद सन् 1929 में पूरी तरह संशोधित 14वाँ संस्करण प्रकाशित किया था और 1930 के दशक के मध्य में उसके मुख्यालय को शिकागो स्थानांतरित किया गया था। लगातार संशोधन को ध्यान में रखकर सियर्स ने पूर्णकालिक संपादकीय मंडल को नियुक्त किया था; लेकिन विशाल विभागीय भंडार शृंखला को उम्मीद के मुताबिक ब्रिटानिका से कोई विशेष कमाई का मौका नहीं मिला, इसलिए उसके नए संस्करण नहीं प्रकाशित हुए। 1940 के दशक की शुरुआत तक ब्रिटानिका अपनी गौरवशाली परंपरा को कायम रखने में पूरी तरह से विफल हो गई थी। शिकागो विश्वविद्यालय के कुछ प्राध्यापकों ने शौकिया तौर पर ब्रिटानिका को संशोधित करने का बीड़ा उठाया था; लेकिन सियर्स इसके भविष्य की संभावनाओं से निराश हो चुकी थी और उसमें पर्याप्त पूँजी लगाने का जोखिम नहीं उठाना चाहती थी।

इसी दौर में, रॉबर्ट मेनार्ड हचिंस शिकागो विश्वविद्यालय का अध्यक्ष बना था। वह येल विश्वविद्यालय में बिल बेंटन का सहपाठी रहा था। चूँकि बेंटन राष्ट्रीय स्तर पर प्रसिद्ध हो चुका था, इसलिए विज्ञापन कारोबार से खुद मुक्त होने के बाद उसके पास उद्योग-व्यापार क्षेत्र से सलाहकार के रूप में काम करने के प्रस्ताव आने लगे थे। इसी क्रम में हचिंस ने भी उसे शिकागो विश्वविद्यालय की छवि को सुधारने में मदद करने का प्रस्ताव रखा था। बेंटन भी शिक्षा के क्षेत्र के जुड़ना चाहता था, अतः उसने हचिंस के प्रस्ताव को स्वीकार कर लिया था। शिकागो विश्वविद्यालय में काम करते हुए अभी कुछ समय हुआ था कि बेंटन का ध्यान 'एनसाइक्लोपीडिया ब्रिटानिका' की तरफ गया था। अन्य उत्साही प्राध्यापकों की तरह उसे भी ब्रिटानिका की गौरवशाली परंपरा को पुनर्जीवित करने की परियोजना में शिकागो विश्वविद्यालय के सक्रिय योगदान की आवश्यकता महसूस हुई थी।

बेंटन कारोबारी था, इसलिए उसे प्राध्यापकों की शौकिया पहल में कोई भविष्य नजर नहीं आया था। उसने सियर्स के उच्च प्रबंधन के समक्ष ब्रिटानिका को टिकाऊ व्यावसायिक योजना के रूप में विकसित करने का व्यावहारिक विचार प्रस्तुत किया। सियर्स के लिए ब्रिटानिका सिरदर्द बन चुकी थी और वह काफी पहले से उससे निजात पाने के अवसर ढूँढ़ रही थी। ऐसे में बेंटन के सुझाव में सियर्स को दो लाभ नजर आए थे। विश्वविद्यालय को ब्रिटानिका का दान देकर वह प्रत्यक्ष रूप से कर-छूट प्राप्त करने के साथ-साथ परोक्ष रूप से हमेशा के लिए सार्वजनिक संबंध बनाने के अनमोल लाभ भी काटती रह सकती थी। साफ है कि सियर्स ने बेंटन के विचार को हरी झंडी दे दी थी। अब बेंटन ने 'एनसाइक्लोपीडिया ब्रिटानिका' की महत्त्वाकांक्षी पुनरुद्धार योजना को शिकागो विश्वविद्यालय के न्यासियों (ट्रस्टी) के समक्ष प्रस्तुत किया था। पहली नजर में न्यासियों को विश्व के सबसे बड़े विश्वकोश का स्वामित्व हासिल करना बहुत बड़ी उपलब्धि नजर आई थी; लेकिन जब उन्होंने उस विश्वकोश में संपूर्ण संशोधन की जरूरत पर विचार-विमर्श करना और उस पर आनेवाली लागत का अनुमान लगाना शुरू किया था तो उनके हाथ-पाँव फूलने लगे थे।

महीनों तक बहस का क्रम जारी रहा था; लेकिन शिकागो विश्वविद्यालय का न्यासी मंडल इस मुद्दे पर फैसला नहीं कर सका, क्योंकि विश्वकोश के पुनरुद्धार के लिए जितनी बड़ी धनराशि की जरूरत थी, वह विश्वविद्यालय के पास नहीं थी। तब सन् 1943 में बेंटन ने जो प्रस्ताव रखा था, उसे शिकागो विश्वविद्यालय न्यास ने स्वीकार कर लिया था। बेंटन ने अपनी तरफ से 1 लाख डॉलर की कार्यशील पूँजी लगाने का प्रस्ताव रखा था। फिर, सियर्स द्वारा दान दी गई 'एनसाइक्लोपीडिया ब्रिटानिका' को स्वतंत्र कंपनी के रूप में पुनर्गठित किया गया था, जिसमें बेंटन को तीन-चौथाई व शिकागो विश्वविद्यालय को एक-चौथाई स्वामित्व की हिस्सेदारी दी गई थी। एक जटिल व्यावसायिक समझौते के तहत विश्वविद्यालय को अपनी प्रतिष्ठा व विश्वकोश की अनुमति के लिए स्वत्वाधिकार शुल्क (रॉयल्टी फी) का प्रावधान किया गया था, साथ

ही यह व्यवस्था भी की गई थी कि अपने हिस्से की लगातार आमदनी प्राप्त करने लिए विश्वविद्यालय विभिन्न विषयों के विद्वानों के समूह द्वारा विश्वकोश को लगातार संशोधित कर उसे अद्यतन बनाए रखेगा।

वैसे तो आज यह विश्वास कर पाना लगभग असंभव ही है कि बिल बेंटन ने 'एनसाइक्लोपीडिया ब्रिटानिका' का सौदा विश्वविद्यालय के हित में किया था, लेकिन यह भी सच ही है कि बेंटन को पता नहीं था कि उसका यह निवेश उसे अमेरिका के धनवानों की सूची में शामिल करनेवाला साबित होगा। असल में, जल्द ही बेंटन का अधिकांश समय राजनीतिक कार्यों में गुजरने लगा था। उसने सार्वजनिक मामलों के राज्य के सहायक सचिव (अगस्त 1945 से सितंबर 1947) और फिर सीनेट सदस्य (दिसंबर 1949 से जनवरी 1953) के रूप में अपनी सेवाएँ दी थीं। इस बीच ब्रिटानिका तमाम आर्थिक संकटों से जूझती रही, लेकिन वर्ष 1952 में 54 पुस्तकों की श्रृंखला—ग्रेट बुक्स ऑफ द वेस्टर्न वर्ल्ड (पश्चिमी विश्व की महान् पुस्तकें) का प्रकाशन करने में सफल हो गई थी। उसके बाद बेंटन ने कंपनी के विकास पर अपना ध्यान केंद्रित किया था। सन् 1959 में शिकागो विश्वविद्यालय ने बेंटन को अपनी हिस्सेदारी बेच दी थी। इन 16 वर्षों में ब्रिटानिका की बिक्री करीब 50 गुना बढ़ गई थी और शिकागो विश्वविद्यालय को लाभांश व स्वत्वाधिकार शुल्क के रूप में लगभग 3.50 करोड़ डॉलर का भुगतान किया जा चुका था। बेंटन की मृत्यु (18 मार्च, 1973) के समय ब्रिटानिका में उसके पूर्ण स्वामित्व का मूल्य करीब 15 करोड़ डॉलर आँका गया था। जी हाँ, जिस विलियम बेंटन ने सिर्फ 10 लाख डॉलर को ही पर्याप्त धन मानकर विज्ञापन कारोबार को हमेशा के लिए छोड़ दिया था, वह बिना किसी विशेष कोशिश के 150 गुना अधिक धनवान् बन गया था, तो क्या हम कह सकते हैं कि बिना कोशिश के भी बहुत-बहुत धनी हो सकते हैं? हाँ, यदि आप में बेंटन जैसी उच्च विद्युत् ऊर्जा और सही दिशा में कदम बढ़ाने की आधारभूत क्षमता हो।

उसके बाद कंपनी का स्वामित्व उसकी विधवा हेलेन बेंटन व बेंटन फाउंडेशन को चला गया था; लेकिन अगले दो दशकों में 'एनसाइक्लोपीडिया

ब्रिटानिका' इनकॉरपोरेशन एक बार फिर से समय के साथ कदम मिलाने में असफल हो गई थी और सन् 1995 में उसने खुद को दिवालिया घोषित कर दिया था। फिर, वर्ष 1996 में स्विट्ज़रलैंड के अरबपति वित्त-पोषक जैक्यूई साफ्रा ने केवल 13.60 करोड़ डॉलर में 'एनसाइक्लोपीडिया ब्रिटानिका' की संपूर्ण परिसंपत्ति को खरीद लिया था।

□

अध्याय 2

विलियम क्लेमेंट स्टोन : अद्भुत बिक्री कर्म से बना बीमा बादशाह

धनवान् बनने के बहुत से रास्ते हैं, लेकिन उन सब में विक्रय कर्म या विक्रय कला (सेल्समैनशिप) को सबसे व्यक्तिगत रास्ता मना गया है। विक्रय कर्मी का एकमात्र औजार है उसकी स्वयं की मानसिकता (साइकी)। उसे और किसी चीज की जरूरत नहीं होती। न तो शुरुआती पूँजी की, न महाविद्यालय की उपाधि की और न ही किसी प्रकार के तकनीकी ज्ञान की। यदि कोई सचमुच में विक्रय कर्मी है तो उसकी सफलता का बीज उसी के मस्तिष्क के किसी कोने में मौजूद होता है। यही कारण है कि फटेहाली से बेहद धनवान् बनने की सबसे आश्चर्यकारी सफलताओं की कहानियों का मुख्य पात्र विक्रय कर्मी ही मिलता है। विक्रय कर्म ही एकमात्र साम्यवादी कला (कम्युनिस्ट आर्ट) है, जो किसी कचरा उठानेवाले में भी हो सकती है और महलों में पलनेवाले में भी। कोई व्यक्ति विश्व के महान् विश्वविद्यालय में वर्षों की शिक्षा हासिल करने के बाद भी विक्रय कर्मी बन सकता है और कोई बहुत कम पढ़ा-लिखा या अँगूठा छाप भी। हर पृष्ठभूमि के विक्रय कर्मी के सामने धन कमाने का एक समान अवसर मौजूद होता है।

अब सबसे बड़ा प्रश्न यह है कि किसी व्यक्ति विशेष में वह कौन सी चीज होती है, जो उसे अच्छा या सफल विक्रय कर्मी बनाती है? संभवत: इसका बिल्कुल सही उत्तर आज तक किसी को नहीं मिला है। असल में,

विक्रय कर्म (सेल्समैनशिप) वह विशेषता (स्पेशलिटी) या सुगंध (परफ्यूम) है, जो हम किसी व्यक्ति विशेष के दृष्टिकोण (एप्रोच), मनोभाव (एटीट्यूड) व अनुभूति में महसूस कर सकते हैं; लेकिन यह विशेषता हर किसी में मौजूद नहीं होती—किसी में होती है और किसी में नहीं। हाँ, जिस किसी में भी 'सेल्समैनशिप' होती है, हम उसके संपर्क में आते ही उस विशेषता को महसूस करने लगते हैं। और, यदि किसी में यह विशेषता नहीं होती तो वह भी हमें समझ आ जाता है।

तो क्या किसी व्यक्ति विशेष में इस विशेषता को विकसित किया जा सकता है? संभवत: नहीं, क्योंकि विक्रय कर्म स्वयंसिद्ध (सेल्फ एविडेंट) विशेषता/गुण/कला है, जो व्यक्ति विशेष में शुरुआती जीवन क्रम में ही अपने आप विकसित हो जाती है। यही कारण है कि यदि कोई वयस्क होने तक विक्रय कर्मी नहीं है तो कठोर सच्चाई यही है कि उसे यह विशेषता सिखाई नहीं जा सकती। प्रशिक्षण से भले ही किसी को ठोक-पीटकर विक्रय कर्मी का दर्जा दे दें, लेकिन वह सही मायनों में कभी भी विक्रय कर्म में सफल नहीं हो सकता। जी हाँ, विक्रय कर्म स्वभाव (नेचर) है, यानी हर किसी का अपना भाव है। हम अपनी आदत में सुधार कर सकते हैं, लेकिन अपने 'भाव' को नहीं बदल सकते; लेकिन विक्रय क्षमता से जुड़ा रोचक तथ्य यह है कि यदि आप महसूस करते हैं कि वह आप में पहले से ही है या आप उसे हासिल कर सकते हैं तो आपको धनवान् बनने के लिए किसी और चीज की आवश्यकता ही नहीं है। इतना ही नहीं, यदि आप में विक्रय क्षमता है तो उत्पाद या सेवा कैसी भी हो, कितनी भी पुरानी हो, कितने भी लोग उसे कितने ही समय से क्यों न बेच रहे हों, आप भी उसे बेच सकते हैं। जी हाँ, आपके विक्रय कर्म की सफलता का रहस्य यह नहीं है कि आप क्या बेच रहे हैं, बल्कि यह है कि आप कैसे (प्रतिस्पर्धियों की तुलना में) बेच रहे हैं।

इस अध्याय में हम एक ऐसे गुरु विक्रेता (मास्टर सेल्समैन) की कहानी पढ़ने जा रहे हैं, जिसने कोई नई या अनोखी चीज नहीं बेची थी, फिर भी वह 40 करोड़ डॉलर का स्वामी बनने में सफल हो गया था। उसका नाम था

विलियम क्लेमेंट स्टोन। उसने भी हजारों-लाखों विक्रय कर्मियों की तरह बीमा (इंश्योरेंस) ही बेचा था, लेकिन उसकी बिक्री का तरीका सबसे अलग व अनोखा था।

अखबार बेचनेवाला जुझारू बालक : विलियम क्लेमेंट स्टोन का जन्म 4 मई, 1902 को शिकागो के साउथ साइड क्षेत्र में हुआ था। 1840 के दशक में विशेष रूप से इस्पात व मांस प्रसंस्करण उद्योग के विकास के साथ-साथ शिकागो नदी की मुख्य शाखा के दक्षिण में स्थित साउथ साइड क्षेत्र में आयरलैंड, इटली, पोलैंड, लिथुआनिया व यूगोस्लाविया मूल के आप्रवासियों का जमावड़ा होने लगा था, जो द्वितीय विश्वयुद्ध तक जारी रहा था। अमेरिकी गृहयुद्ध (1861-65) के दौरान लाखों अश्वेतों को आजादी मिली थी और वे रोजगार की तलाश में भारी संख्या में यहाँ आकर बसने लगे थे। स्टोन अभी तीन वर्ष का ही था कि उसके जुआरी पिता की मौत हो गई थी। उसकी माँ ने कपड़े सिलकर किसी तरह उसे पाला-पोसा था। ऐसे में, जब क्लेमेंट छह वर्ष का हुआ था तो माँ की आर्थिक मदद करने के लिए अखबार बेचने लगा था।

जी हाँ, जुझारू विक्रय कर्मियों की गौरवशाली परंपरा में क्लेमेंट सचमुच में दु:साहसी बालक था। अखबार बेचना भले ही बहुत आसान दिखता हो, लेकिन यह आज भी काफी मुश्किल काम है। इस मामूली धंधे में भी नए ग्राहक बनाना और पुराने ग्राहकों को जोड़े रखना आसान नहीं है। अपने बाजार क्षेत्र को बनाए रखने के लिए अखबार बाँटनेवाले को अनथक मेहनत की जरूरत पड़ती है। क्लेमेंट के लिए भी ऐसा ही था। क्लेमेंट ने अपनी आत्मकथा 'द सक्सेस सिस्टम दैट नेवर फेल्स' (सफलता-प्रणाली, जो कभी असफल नहीं होती) में अखबार बेचने की एक रोचक घटना का उल्लेख किया है। उस जमाने में गलियों में आवाजें लगाते हुए घूम-घूमकर अखबार बेचने का चलन था। उस तरीके में थकान ज्यादा होती थी, जबकि ग्राहक कम मिलते थे। इसलिए क्लेमेंट ने स्थानीय रेस्तराँओं में अंदर जाकर या उसके बाहर खड़े होकर एक साथ बहुत से ग्राहकों को अखबार बेचने का नया तरीका सोचा था। इसके लिए उसने सबसे लोकप्रिय रेस्तराँ को चुना था; लेकिन रेस्तराँ के

कर्मचारी उसे खदेड़कर बाहर निकाल देते थे। क्लेमेंट भी बेशर्म व जिद्दी सेल्समैन था। उसे इस बात की परवाह नहीं थी कि कौन क्या कहता था या उसके साथ कैसा बरताव करता था। उसकी निगाहें तो बस, वहाँ आनेवाले ग्राहकों पर टिकी हुई थीं। इसीलिए वह अगले दिन फिर से उस रेस्तराँ के बाहर खड़े होकर अजीबोगरीब आवाजें निकालकर ग्राहकों को पटाने की कोशिशें करने लगता था। बालक क्लेमेंट की ढीठ कोशिशों ने ग्राहकों को प्रभावित किया था। वे न केवल उससे अखबार खरीदने लगे थे, बल्कि रेस्तराँ मालिक पर भी दबाव बना दिया था कि उसे वहाँ से न खदेड़ा जाए।

इस प्रकार की ढिठाई व जिद क्लेमेंट के बचपन का ही नहीं, बल्कि उसके पूरे पेशेवर जीवन का हिस्सा बनी रही थी। उसने अपने हर अनुभव को भविष्य की कमाई की सीढ़ी बनाया था। पूरे दिन काम करने के बाद जब वह घर लौटता तो अपने उस दिन के अनुभवों की गहराई से जाँच-पड़ताल करता था। वह हमेशा खुद से तीन प्रश्न पूछा करता था, 'मैंने क्या सही किया था?', 'मैंने क्या गलत किया था?' व 'अगली बार उस तरह की स्थिति में कैसे पेश आऊँगा?' इन्हीं प्रश्नों के जरिए वह हमेशा सही उत्तर व निर्देश हासिल करता रहा था। ये प्रश्न व उनके उत्तर क्लेमेंट के व्यक्तिगत व पेशेवर जीवन के मार्गदर्शक सिद्धांत (गाइडिंग प्रिंसिपल) बनते चले गए थे। इन्हीं सिद्धांतों के सहारे वह अपनी व्यक्तिगत व पेशेवर समस्याओं से न केवल खुद को सुरक्षित बाहर निकाल पाने में, बल्कि लाभ हासिल कर पाने में भी सफल रहा था।

क्लेमेंट स्टोन की पुस्तकों व आलेखों से जानकारी मिलती है कि उसके जीवन पर उसकी माँ का सबसे अधिक प्रभाव रहा था। वह अपने माता-पिता की इकलौती संतान था। उसकी माँ के लिए बिना पति के जीवन-यापन करना काफी मुश्किल था; लेकिन उसने घुटने नहीं टेके थे। कठिन परिश्रम ने क्लेमेंट को जिंदगी की लड़ाई के लिए मजबूत बनाया था। उसकी माँ में दिल की गहराइयों को छूनेवाली दया व ममता थी, तो शेरनी जैसी आक्रामक व्यापारिक सहज बुद्धि (बिजनेस इंस्टिंक्ट) भी। यही दोनों गुण उसने अपने बेटे क्लेमेंट में भी विकसित किए थे। माँ की तरह बेटे के लिए भी ईश्वर ही व्यापारिक

भागीदार था और नैतिक हिस्सेदार भी। वे दोनों हमेशा ही अपने व्यवसायों में सफलता के लिए ईश्वर से साहस, मार्गदर्शन व सौभाग्य की प्रार्थना करते रहे थे। उन्होंने हर सफलता पर कृतज्ञता महसूस की थी और अपने ईश्वरीय हिस्सेदार को व्यक्तिगत सदाचार, अच्छे कार्य व अधिक प्रार्थना के रूप में लाभांश का भुगतान किया था।

बुढ़ापे में जब विलियम क्लेमेंट स्टोन ने सफलता के सूत्रों की रचना की थी तो उसने 'बाइबिल' का उल्लेख स्वयं-सहायता पुस्तक (सेल्फ-हेल्प बुक) के रूप में किया था। क्लेमेंट ने अमेरिकी गृहयुद्ध के बाद प्रसिद्ध उपन्यासकार होराटियो आलगेर के 50 से अधिक उपन्यास पढ़े थे। इन उपन्यासों में बेहद गरीबी से उठकर मध्यम वर्गीय जीवन को हासिल करनेवाले युवाओं की संघर्ष-गाथाएँ रची गई थीं। उन उपन्यासों में आलगेर ने इस धारणा को भी प्रचारित किया है कि ईश्वर सदाचारियों को नकद पुरस्कार देता है। क्लेमेंट को उन कथाओं से काफी प्रेरणा मिली थी और वह भी यही विश्वास करता था कि ईश्वर अच्छे कार्य करनेवालों की जरूर मदद करता है।

अखबार बेचने के साथ-साथ क्लेमेंट स्थानीय क्रिश्चियन स्कूल में पढ़ता भी रहा था। सात वर्षों के अथक परिश्रम के बाद सन् 1915 में बेंटन ने अपनी अखबार-पत्रिका की दुकान खोल ली थी।

बीमा कारोबार में प्रवेश : इस बीच उसकी माँ ने भी सिलाई से बचत कर कुछ धन इकट्ठा किया था और उसे डेट्रॉइट (मिशिगन) स्थित एक बीमा एजेंसी में निवेश किया था। यह क्लेमेंट की माँ का दु:साहसी व जोखिम भरा कदम था। वह बीमा एजेंसी कुछ व्यावसायिक संबंधों, कुछ साख और एक छोटे से किराए के कार्यालय से ज्यादा कुछ भी नहीं था। वह एजेंसी केवल एक बीमा कंपनी—यू.एस. कैजुअल्टी कंपनी ऑफ डेट्रॉइट की स्वास्थ्य बीमा (हेल्थ इंश्योरेंस) व दुर्घटना बीमा (एक्सीडेंट इंश्योरेंस) बेचता था और उसकी एकमात्र आमदनी थी हर बीमा योजना (इंश्योरेंस) बिक्री पर मिलनेवाला कमीशन। किसी भी एजेंसी की असल व्यापारिक शक्ति होती है उसका विक्रय बल (सेल्स फोर्स); लेकिन क्लेमेंट की माँ उस एजेंसी में एकमात्र कर्मचारी भी थीं।

क्लेमेंट ने अपनी आत्मकथा में लिखा है कि पहले दिन उसकी माँ अपने कार्यालय में यूँ ही बैठी रही थीं और उस दिन कोई बिक्री नहीं हुई थी। उस रात वह देर तक ईश्वर से प्रार्थना करती रही थीं और सुबह में भी वही क्रम जारी रखा था। फिर, वह डेट्रॉइट के सबसे बड़े बैंक में गई थीं, जहाँ एक बैंक अधिकारी ने उनसे एक बीमा योजना खरीदी थी। उसी अधिकारी की मदद से क्लेमेंट की माँ को भवन में घूम-घूमकर बीमा बेचने की अनुमति भी मिल गई थी। नतीजा यह निकला था कि वह शाम तक कुल 44 बीमा योजनाएँ बेच पाने में सफल हो गई थीं। साफ है कि उसके बाद क्लेमेंट की माँ का बीमा कारोबार चल निकला था।

जब क्लेमेंट 11वीं में जाने ही वाला था कि गरमी की छुट्टियों में उसकी माँ ने उसे डेट्रॉइट बुला लिया था। फिर उसने अखबार की जगह बीमा योजनाएँ बेचने का काम शुरू किया था। क्लेमेंट ने अपनी आत्मकथा में लिखा है कि उसकी माँ ने उसे एक कार्यालय भवन में जाकर बीमा बेचने का निर्देश दिया था; लेकिन उस घटना का रोचक पहलू यह था कि क्लेमेंट की माँ ने उसकी विक्रय क्षमता की परीक्षा के लिए वहाँ अधिकारियों व कर्मचारियों को पहले से ही सचेत कर रखा था। क्लेमेंट जब उस भवन के बाहर पहुँचा था तो उसे उसके अंदर जाने में घबराहट महसूस हुई थी। फिर उसे अपने अखबार बिक्री का वह दिन याद आया था, जब वह पहली बार रेस्तराँ के भीतर गया था और बाहर निकाल दिया गया था; लेकिन तभी उसे यह बात भी याद आई थी कि वह किस तरह उस रेस्तराँ में अखबार बेच पाने में सफल हुआ था। फिर उसने सोचा था, 'जब खोने के लिए कुछ भी न हो और कोशिश करने से बहुत कुछ पाने की संभावना हो तो कोशिश करनी चाहिए।' इस तरह क्लेमेंट ने एक झटके में अपनी झिझक को दूर फेंकने की कोशिश की थी। फिर उसके मन में विचार आया था, 'इस काम को अभी करो!'

अब तक क्लेमेंट ने खुद को सँभाल लिया था और आत्मविश्वास के साथ उस भवन में घुस गया था। क्या उसे रेस्तराँ की तरह इस भवन से भी निकाल बाहर किया गया था? नहीं। वह उस भवन के विभिन्न दफ्तरों में

गया था। उसके दिमाग में एक ही बात गूँजती रही थी, 'इस काम को अभी करो!' नतीजा क्या मिला था? वही, जो उसने सोचा था। उसके पास खोने को कुछ भी नहीं था, जबकि पाने को बहुत कुछ। खैर, उस दिन उसे 'बहुत' तो नहीं मिला, लेकिन 'कुछ' जरूर मिल गया था। वह उस दिन दो बीमा योजनाएँ ही बेच सका था।

अनुभवी बीमा विक्रेताओं की औसत दैनिक बिक्री की तुलना में क्लेमेंट का कार्य-प्रदर्शन (परफॉरमेंस) सफल नहीं रहा था; लेकिन यह बीमा कारोबार में प्रवेश का उसका पहला दिन था। तब उसे बीमा योजनाओं को बेचने के बारे में ठीक प्रकार से कुछ पता भी नहीं था। वह खाली हाथ भी तो नहीं लौटना चाहता था, इसीलिए उसने पेशेवर अनुभव से अब तक हासिल अपनी पूरी क्षमता झोंक दी थी; फिर ईश्वर की कृपा हुई थी और वह दो योजनाएँ बेच सका था। इस तरह, क्लेमेंट को अपनी रहस्यमय क्षमताओं के बारे में बहुत कुछ जानने का अवसर मिला था और उसके सामने नई संभावनाओं के द्वार खुल गए थे। जी हाँ, क्लेमेंट अपनी माँ की परीक्षा में खुद को बहुत अधिक सफल मान रहा था और वह आत्मविश्वास से लबालब कार्यालय में माँ के पास लौटा था। माँ भी बहुत खुश हुई थी, क्योंकि बेटा एजेंसी खाते में कमीशन के कुछ डॉलर जोड़ पाने में सफल हुआ था। क्लेमेंट ने जब रात में अपनी आदत के मुताबिक दिन भर की गतिविधियों की समीक्षा की थी तो उसे कुछ कमियाँ भी नजर आई थीं। उसने अगले दिन उन कमियों को दूर करने की रणनीति बनाई थी। उसे अपनी नई बिक्री क्षमता पर गर्व हुआ था। उस रात उसने नया सपना देखा था। उसे भरोसा हो गया था कि एक दिन वह बड़ी कमाई कर पाने में जरूर सफल हो जाएगा।

सकारात्मक मानसिक दृष्टिकोण (पी.एम.ए.) : ऐसा ही हुआ था। क्लेमेंट नए उत्साह के साथ अपनी माँ की बीमा एजेंसी के लिए स्वास्थ्य व दुर्घटना बीमा योजनाएँ बेचने के लिए एड़ी-चोटी का पसीना एक करने लगा था। गरमी की छुट्टियों के दौरान उसने अपनी दैनिक औसत बिक्री को 10 बीमा योजनाओं तक पहुँचा दिया था। उसके बाद उसने बाकी छुट्टियों में भी

माँ के पास लौटकर डेट्रॉइट में बीमा बेचने का क्रम जारी रखा था। उसका दैनिक बिक्री औसत पहले 15 और फिर बढ़कर 20 बीमा योजनाओं पर पहुँच गया था। कैसे? क्लेमेंट की बिक्री सफलता का एकमात्र रहस्य था—दैनिक आत्म-विश्लेषण (सेल्फ एनालिसिस)। वह हर दिन अपने काम की समीक्षा कर रहा था और अपनी कमियों को परखकर उन्हें दूर करने की कोशिश करता था। वह कभी भी निराश नहीं होता था। अंत में, उसे अपनी सफलता का रहस्य पता चल गया था और वह था—सकारात्मक मानसिक दृष्टिकोण (पॉजिटिव मेंटल एटीट्यूड/पी.एम.ए.)। जी हाँ, क्लेमेंट अपने इसी सफलता के सिद्धांत को जीवन भर दूसरों के साथ साझा करता रहा था।

लेकिन तब क्लेमेंट के हाई स्कूल के प्रधानाचार्य को उसकी सफलता का सिद्धांत समझ नहीं आया था। उसे स्कूल के नियमों के उल्लंघन के आरोप में प्रधानाचार्य के सामने उपस्थित होना पड़ा था। प्रधानाचार्य ने उसे डाँट पिलाई थी कि वह पढ़ने में ध्यान लगाने के बदले बीमा बेचने में ज्यादा व्यस्त रहकर करदाताओं के धन का नुकसान कर रहा था। फिर, जब सन् 1918 में क्लेमेंट स्टोन 11वीं कक्षा में पहुँचा था तो एक दिन उसे पता चला था कि वह अपने प्रधानाचार्य के वेतन से अधिक कमाई कर रहा था और फिर क्लेमेंट ने उसी दिन विद्यालय छोड़ दिया था। ध्यान रहे कि क्लेमेंट ने बाद में यंग मैंस क्रिश्चियन एसोसिएशन (वाई.एम.सी.ए.) द्वारा संचालित सेंट्रल हाई स्कूल (शिकागो) से हाई स्कूल की शिक्षा पूरी की थी और फिर डेट्रॉइट कॉलेज ऑफ लॉ (अब मिशिगन स्टेट यूनिवर्सिटी कॉलेज ऑफ लॉ) में भी कानून की पढ़ाई शुरू की थी; लेकिन उसे पूरा नहीं किया था।

उसके बाद क्लेमेंट डेट्रॉइट लौट आया था और पूर्णकालिक रूप से माँ के लिए बीमा बेचने का काम करने लगा था। वह पूरे मिशिगन प्रांत में घूम-घूमकर अपने बिक्री संजाल को बढ़ाने लगा था। जल्द ही वह अपनी औसत दैनिक बिक्री को बढ़ाकर 30 के ऊपर ले जाने में सफल हो गया था। क्लेमेंट का पी.एम.ए. अपना जादू दिखा रहा था और कई शहरों में वह प्रतिदिन 40 से भी अधिक बीमा योजनाएँ बेच पाने में सफल हो रहा था।

कंबाइंड रजिस्ट्री कंपनी : वर्ष 1922 में जब विलियम क्लेमेंट 20 वर्ष का था तो उसने शिकागो में कंबाइंड रजिस्ट्री कंपनी की स्थापना की थी। यह कहने भर को कंपनी थी, वह अकेले ही उस बीमा एजेंसी का मालिक भी था और सेल्समैन भी। उसने अपने कार्यालय के रूप में 25 डॉलर प्रतिमाह के किराए पर सिर्फ एक कारोबारी पटल (बिजनेस डेस्क) भर ही रखा था। उसने ईश्वर से प्रार्थना की थी, अपने मन में सकारात्मक मानसिक दृष्टिकोण (पी.एम.ए.) के सफलता सिद्धांत को दोहराया था और शिकागो के नॉर्थ क्लार्क स्ट्रीट स्थित भवनों की तरफ निकल पड़ा था। हैरान होने की जरूरत नहीं, क्योंकि वह विक्रय कर्म के इतिहास में किंवदंती बनने जा रहा व्यक्तित्व था। शाम को जब क्लेमेंट वापस लौटा था, तब तक वह 54 बीमा योजनाएँ बेच चुका था।

जी हाँ, अपने पहले दिन के कारोबार से ही क्लेमेंट आत्म-विश्वस्त हो चुका था कि ईश्वर की उस पर विशेष कृपा थी और अब वह सफलता की नई ऊँचाइयों को छूने वाला था। वह पहले शिकागो के अलग-अलग इलाकों में और बाद में इलिनॉइस प्रांत के अन्य शहरों में बीमा योजनाएँ बेचता रहा था। उसकी दैनिक बिक्री का औसत लगातार ऊपर चढ़ता जा रहा था। शिकागो से 64 कि.मी. दक्षिण-पश्चिम में स्थित शहर जोलिएट में तो क्लेमेंट ने कमाल ही कर दिया था। वहाँ पर उसने हर दिन औसतन 70 बीमा योजनाएँ बेची थीं और एक दिन वह भी आया था, जब यह आँकड़ा 122 के अविश्वसनीय स्तर पर भी पहुँच गया था। इस तरह, आठ घंटे के कार्य दिवस में उस दिन क्लेमेंट ने प्रति 4 मिनट में 1 बीमा योजना बेच पाने का कीर्तिमान बनाया था।

साफ है कि क्लेमेंट कुछ ऐसा कर रहा था, जो बिल्कुल सही था। याद करें कि उसने पहले दिन केवल दो बीमा योजनाएँ ही बेची थीं। इस तरह लगभग चार वर्षों के आत्म-प्रशिक्षण (सेल्फ ट्रेनिंग) व आत्म-समीक्षा (सेल्फ रिव्यू) के बाद क्लेमेंट विक्रय कर्म के उस शिखर को छू पाने में सफल हो गया था, जिसे औसत मानवीय क्षमताओं से हासिल कर पाना असंभव था। तो क्या क्लेमेंट में अति मानवीय क्षमताओं (सुपर ह्यूमन एबिलिटी) का

विकास हो गया था? जी हाँ, जब कोई व्यक्ति विशेष अथक परिश्रम से अपने स्वाभाविक कर्म को उच्च स्थिति में लाता है तो उसमें अति मानवीय क्षमताओं का विकसित होना अस्वाभाविक नहीं लगता। चूँकि साधारण मानवीय कोशिशों से इस तरह की उच्चतम ऊर्जा का सृजन नहीं होता है, इसलिए हम ऐसी उपलब्धियों को सहज नहीं मानते। वैसे, क्लेमेंट आजीवन अपनी असंभव-सी नजर आनेवाली सभी उपलब्धियों को सकारात्मक मानसिक दृष्टिकोण (पी.एम.ए.) का ही नतीजा बताता रहा था।

अब तक क्लेमेंट अपनी लगातार कोशिशों से ग्राहकों का इतना बड़ा आधार बना चुका था कि उसके पास आवृत्ति कारोबार (रिपीट बिजनेस) का क्रम भी लगातार तेज होता चला जा रहा था। क्यों? क्योंकि लोग अपनी बीमा योजनाओं का नवीकरण करवाने लगे थे। इस तरह, अब उसके पास बिना अतिरिक्त बिक्री कोशिश के कमीशन की आमदनी शुरू हो गई थी। अब वह समय आ गया था, जब उसे एक सहायक नियुक्त करने की जरूरत महसूस हुई थी। क्लेमेंट ने इस तरह के शुरुआती कारोबार के बारे में एक ठोस सिद्धांत स्थापित किया था। वह भी उसके मूल सफलता सिद्धांत—सकारात्मक मानसिक दृष्टिकोण (पी.एम.ए.) का ही हिस्सा था। उसका मानना था कि शुरुआत में कारोबार को बहुत अधिक तेजी से बढ़ाने की कोशिश नहीं करनी चाहिए। वह इस बात पर हमेशा जोर देता रहा था कि शुरुआत में हर कारोबारी को अपना हर काम स्वयं ही करना चाहिए और उसे ठोस आर्थिक आधार पर स्थापित होने देने के लिए धैर्य बनाए रखना चाहिए। वह बाद में लोगों को यह समझाने की कोशिश करता रहा था कि यदि वह शुरुआती दौर में सेल्स एजेंट्स की नियुक्ति करता रहता तो इस बात की बहुत अधिक आशंका थी कि वह सफल नहीं हो पाता और उसका कारोबार बीच में डूब गया होता। इसका ठोस आर्थिक कारण यह था कि उसे कमीशन की आमदनी का बहुत बड़ा हिस्सा दूसरे प्रतिनिधियों को वेतन के रूप में देना पड़ता और कारोबार अपने ठोस आधार पर खड़ा नहीं हो पाता; लेकिन अब उसका कारोबार शुरुआती स्तर को पार कर चुका था और वह अन्य सेल्समैनों के वेतन के खर्च को सँभालने में सक्षम हो गया था।

झिझकते हुए कारोबार का विस्तार : अभी भी विलियम क्लेमेंट अपनी कंपनी में कुछ ही कर्मचारी प्रतिनिधियों की नियुक्ति के पक्ष में था। इसके लिए उसने शिकागो के एक अखबार में विज्ञापन प्रकाशित कराया था; लेकिन उसके पास शिकागो नगर ही नहीं, समूचे इलिनॉइस प्रांत के विभिन्न शहरों के साथ-साथ इंडिआना व विस्कॉन्सिन प्रांतों से भी आवेदनों का ढेर लग गया था। उसने अभी तक अपनी कारोबारी संभावनाओं का आकलन नहीं किया था; लेकिन आवेदनों की संख्या ने उसकी आँखें खोल दी थीं। उसने तत्काल बीमा कंपनी से अन्य राज्यों में भी कारोबार की अनुमति के लिए पत्र लिखा था। जब बीमा कंपनी ने उसे जल्द ही वह अनुमति-पत्र भेज दिया था तो उसे और भी सुखद आश्चर्य हुआ था; लेकिन सच्चाई यह थी कि बीमा कंपनी क्लेमेंट के अब तक के कारोबार से बहुत अधिक उत्साहित थी और वह उसे अनुमति देने में थोड़ी सी भी देर नहीं करना चाहती थी।

जो भी हो, झिझक के साथ ही सही, क्लेमेंट ने इंडिआना व विस्कॉन्सिन प्रांतों में भी कुछ प्रतिनिधियों को नियुक्त कर दिया था। जल्द ही उसे सकारात्मक नतीजे मिलने लगे थे, जो उसकी सुषुप्त महत्त्वाकांक्षा को हवा देने लिए काफी था। अब क्लेमेंट को अन्य प्रांतों में भी कारोबार विस्तार करने की जरूरत महसूस हुई थी और उसने वहाँ के अखबारों में प्रतिनिधियों की नियुक्ति के लिए विज्ञापन जारी किए थे। इस तरह से क्लेमेंट ने शिकागो के पूर्वी, पश्चिमी व दक्षिणी दिशाओं में अपने बीमा कारोबार के विस्तार के लिए सेल्समैनों की फौज की संख्या बढ़ानी शुरू कर दी थी। फिर उसने राष्ट्रीय पत्रिकाओं में विज्ञापन देना शुरू किया था और समूचे अमेरिका में अपने कारोबार को फैलाने लगा था। 1920 के दशक के अंत में क्लेमेंट के पास 1,000 बिक्रीकर्मियों की फौज बन गई थी, जो अमेरिका के सभी प्रमुख क्षेत्रों में डटी हुई थी। इतनी बड़ी फौज को नियंत्रित कर पाना अब उसके अकेले के बूते के बाहर होने लगा था। ऐसे में क्लेमेंट ने राज्य बिक्री प्रमुखों की नियुक्ति की थी। जब राज्य प्रमुखों को भी नियंत्रित कर पाना उसके खुद के लिए संभव नहीं रह गया तो उसने मुख्यालय में अपने सहयोग के लिए

कुछ सहायक राष्ट्रीय बिक्री प्रमुखों को भी नियुक्त कर लिया था।

महामंदी से डटकर मुकाबला : जी हाँ, अभी क्लेमेंट को अपना स्वतंत्र कारोबार शुरू किए सात वर्ष ही हुए थे और वह खुद 27 वर्ष का ही था। समूचे अमेरिका में इस पार से उस पार तक उसका कारोबारी साम्राज्य तेजी से फैल रहा था। ऐसा लग रहा था मानो क्लेमेंट की यह गति कभी धीमी ही नहीं पड़ेगी; लेकिन तभी सन् 1929 में महामंदी का भयानक दौर शुरू हो गया था। अमेरिकी अर्थव्यवस्था बुरी तरह चरमरा गई थी और धीरे-धीरे समूचा विश्व उसकी चपेट में आता जा रहा था। छोटे व मझले स्तर के कारोबारियों के दिवालिया हो जाने की खबरें आम होने लगी थीं। चौतरफा निराशा का माहौल लगातार गहराता जा रहा था। ऐसे में कुछ ऐसा भी समय आया था, जब क्लेमेंट की कारोबारी भविष्य की किरण भी धीमी पड़ती नजर आने लगी थी। ऐसी स्थिति में क्लेमेंट के 1,000 विक्रय कर्मियों के लिए भी अपनी कारोबारी गति को बनाए रखने में मुश्किलें आने लगी थीं, क्योंकि लोगों के पास स्वास्थ्य व दुर्घटना बीमा खरीदने के लिए धन की बचत ही नहीं हो पा रही थी। कंपनी का बिक्री राजस्व तेजी से नीचे गिरने लगा था और विक्रय कर्मियों का मनोबल बुरी तरह कमजोर पड़ने लगा था।

अब कमांडर होने के नाते विलियम क्लेमेंट स्टोंस के सामने अपनी भारी-भरकम बिक्री फौज के मनोबल को बनाए रखना बड़ी चुनौती बनकर सामने खड़ी हो गई थी। वह शिकागो मुख्यालय में बैठकर इस पहेली को सुलझाने की कोशिश कर रहा था। उसे अपने मूल सफलता सिद्धांत—सकारात्मक मानसिक दृष्टिकोण (पी.एम.ए.) में अटूट भरोसा तो था, लेकिन अब उसमें कुछ नई कूट लिपि जोड़ने की आवश्यकता महसूस होने लगी थी। विडंबनाओं के बीच आगे बढ़नेवाले क्लेमेंट की कारोबारी अंतर्दृष्टि महान् दार्शनिकों जैसी हो चुकी थी। अब भयंकर विपदा के बीच भी आशा की किरण देख पाने में सक्षम था। ऐसे में उसने अपने मूल सिद्धांत पर आधारित दो वक्तव्य दिए थे। पहला वक्तव्य सामान्य मनोवैज्ञानिक उलझनों को दूर करनेवाला था, "यदि आप दृढ संकल्प व आशावादी रास्ते से विपरीत

परिस्थितियों में पहुँचते हैं तो आप उसमें हमेशा ही लाभ खोज सकते हैं।'' अर्थात्, पी.एम.ए. के माध्यम से विपरीत परिस्थितियों में भी अवसर ढूँढ़े जा सकते हैं। क्लेमेंट स्टोन का दूसरा वक्तव्य विक्रय कर्म की विशेषता को रेखांकित करता था—''बिक्री विक्रेता के मनोभाव (एटीट्यूड) पर निर्भर है, न कि संभावना (प्रोस्पेक्ट) पर।''

लेकिन क्लेमेंट स्टोन ने केवल मुख्यालय में अपनी कुरसी पर बैठे हुए वक्तव्य नहीं जारी किया था, बल्कि अपनी बिक्री सेना में उत्साह का संचार करने के लिए खुद ही बिक्री अभियान पर निकल पड़ा था और इस बार क्लेमेंट के निशाने पर थी संयुक्त राज्य अमेरिका की आर्थिक राजधानी न्यूयॉर्क सिटी। जी हाँ, घोर आर्थिक मंदी के बावजूद क्लेमेंट ने सकारात्मक मानसिक दृष्टिकोण (पी.एम.ए.) अपनाया था और हर दिन औसतन उतनी ही बीमा योजनाएँ बेच पाने में सफल रहा था, जितनी वह तेजी के दौर में बेच पा रहा था; लेकिन उसके इस उच्च कार्य-प्रदर्शन के बावजूद उसकी सेना में उत्साह का संचार नहीं हो पाया था। क्यों ? गहराई से खोजबीन करने पर क्लेमेंट को समझते देर नहीं लगी थी कि तेजी के दौर में उसने अपनी सेना को पी.एम.ए. का मूलमंत्र ठीक प्रकार से पढ़ाया-समझाया नहीं था।

असल में, तेजी के दौर में कोई भी आसानी से बीमा योजनाएँ बेच सकता था। इसीलिए, क्लेमेंट को अपने बिक्री कर्मियों की व्यक्तिगत क्षमताओं, उनके बिक्री के तरीकों व मनोभावों पर ध्यान देने की आवश्यकता ही नहीं पड़ी थी। उसने तो बस, सरसरी तौर पर साक्षात्कार लेकर लोगों को नियुक्त कर दिया था। प्रशिक्षण के नाम पर उन्हें बीमा योजनाओं से संबंधित साहित्य पढ़ने को दे दिया गया था। कई मामलों में तो उसने उम्मीदवार को देखा भी नहीं था और उन्हें पत्र द्वारा ही नियुक्त कर लिया था। तेजी के दौर में ग्राहकों के पास अतिरिक्त धन था, इसलिए जो कोई भी उनके पास पहुँचता था, वे बिना अधिक पूछताछ के ही उनसे बीमा योजनाएँ खरीद लिया करते थे। ऐसे में, सभी आसानी से बिक्री लक्ष्य हासिल कर रहे थे और उनकी असल बिक्री क्षमता का परीक्षण ही नहीं हो सका था। अब विपरीत परिस्थिति आई

थी तो अधिकांश के हाथ-पाँव फूलने लगे थे।

बिक्री प्रशिक्षण महाअभियान : ऐसे में विलियम क्लेमेंट स्टोन ने अपनी बिक्री फौज को प्रशिक्षित करने का बीड़ा उठाया था। उसने सबसे पहले अपने सभी बिक्री कार्यालयों में सकारात्मक मानसिक दृष्टिकोण (पी.एम.ए.) से संबंधित व्यापक प्रपत्र भेजा था और फिर डेढ़ वर्षों की लंबी देशव्यापी प्रशिक्षण-यात्रा पर निकल पड़ा था। वह जहाँ भी जाता था, वहाँ के स्थानीय बिक्री कर्मियों की समस्याएँ सुनता था, उन्हें पी.एम.ए. के मूल सिद्धांत समझाता और फिर उन्हें व्यावहारिक ज्ञान देने के लिए उनके साथ-साथ बिक्री के लिए निकल पड़ता था। अब फौज के सामने उसका सेनापति बिक्री-युद्ध की कला का प्रदर्शन कर रहा था। ऐसे में जो असल में बिक्री कर्मी थे, उन्हें अपने सेनापति के मनोभाव या दृष्टिकोण (एटीट्यूड) से बहुत कुछ सीखने को मिल रहा था और वे उत्साहित होकर उसे लागू कर रहे थे। लेकिन जिनमें बिक्री कर्म का स्वभाव ही नहीं था, यानी जो सही मायने में बिक्री कर्मी थे ही नहीं, उन्हें क्लेमेंट अति मानव दिखता था और वे मैदान छोड़कर भागने लगे थे। जी हाँ, क्लेमेंट की यात्रा पूरी होने तक उसके 1,000 का बिक्री-बल सिमटकर 200 रह गया था। ये असल बिक्री कर्मी थे, जो अपने महान् विक्रेता नायक के मूल सफलता सिद्धांत—सकारात्मक मानसिक दृष्टिकोण (पी.एम.ए.) को ठीक प्रकार से समझने, अपनाने व बाजार में लागू कर पाने में सक्षम साबित हो सके थे। वर्ष 1930 के मध्य तक यह छोटी सी बिक्री सेना पहले की बड़ी सेना की तुलना में अधिक बिक्री राजस्व हासिल करने में सफल हो गई थी और उस दशक के अंत में विलियम क्लेमेंट स्टोन दस लाखपति बीमा अभिकर्ता बन चुका था।

कंबाइंड इंश्योरेंस कंपनी ऑफ अमेरिका : अब वह स्थिति आ गई थी, जब क्लेमेंट को लगा था कि उसे दूसरों को बीमा बेचकर कमीशन कमाने की बजाय स्वयं की बीमा कंपनी स्थापित कर इस कारोबार की संपूर्ण संभावनाओं का दोहन कर पूरा लाभ हासिल करना चाहिए; लेकिन यहाँ भी क्लेमेंट ने कारोबारी कुशलता दिखाई थी। वह अच्छी तरह से जानता था कि नई बीमा

कंपनी को बाजार में स्थापित कर पाना आसान नहीं होगा। इसीलिए उसने सुस्थापित विकल्प की खोज शुरू की थी। जल्द ही उसे पता चला था कि महामंदी की चपेट में आकर पेनसिल्वेनिया कैजुअल्टी कंपनी ने हाल में ही अपना परिचालन स्थगित कर दिया था। यह कमर्शियल क्रेडिट कंपनी ऑफ बाल्टिमोर की सहायक कंपनी के रूप में संचालित संपन्न अमेरिकी बीमा कंपनी रही थी, लेकिन परिचालन बंद होने के बाद मूल कंपनी इस परिचालन को बेचकर मुक्त होने को आमादा थी। पेनसिल्वेनिया कैजुअल्टी कंपनी के पास कुल 16 लाख डॉलर मूल्य की तरल परिसंपत्ति (लिक्विड एसेट) थी और मूल कंपनी उतनी ही कीमत पर उसे बेचने के लिए तैयार थी; लेकिन क्लेमेंट को पेनसिल्वेनिया कैजुअल्टी कंपनी की तरल संपत्तियों की तुलना में उसकी गैर-तरल संपत्तियों—35 राज्यों में उसकी अभी भी बची हुई बीमा विक्रय अनुज्ञा-पत्र (इंश्योरेंस सेल्स लाइसेंस) व कारोबारी साख में अधिक संभावनाएँ नजर आई थीं। क्लेमेंट को यह सौदा भा गया था और वह अगली सुबह अपने वकील के साथ बाल्टीमोर पहुँच गया था।

बातचीत के दौरान कमर्शियल क्रेडिट कंपनी ऑफ बाल्टिमोर ने पूछा था कि क्या क्लेमेंट के पास पेनसिल्वेनिया कैजुअल्टी कंपनी को खरीदने के लिए पर्याप्त 16 लाख डॉलर की नकदी थी ? तब क्लेमेंट ने कहा था कि वह ऋण लेकर यह रकम चुकता कर सकता था। किससे ऋण लेकर ? तब क्लेमेंट ने कमर्शियल क्रेडिट कंपनी ऑफ बाल्टिमोर के अधिकारियों की तरफ इशारा करते हुए कहा था, ''आपसे।'' यह सुनकर वे अधिकारी हैरान जरूर हुए थे, लेकिन उन्हें इस बात का संतोष हुआ था कि क्लेमेंट उसका धन लेकर कहीं बाहर नहीं जा रहा था, बल्कि उसी को वापस लौटा रहा था। फिर भी दोनों पक्षों के बीच थोड़ी देर तक बहस चलती रही थी। अंत में, क्लेमेंट कमर्शियल क्रेडिट कंपनी ऑफ बाल्टिमोर के अधिकारियों को यह समझा पाने में सफल हो गया था कि पेनसिल्वेनिया कैजुअल्टी कंपनी को खरीदने के लिए वही सबसे योग्य उम्मीदवार था, क्योंकि उसके पास महामंदी के दौर में भी बीमा बेच पाने की व्यापक बिक्री क्षमता थी।

जी हाँ, इस सौदे के माध्यम से विलियम क्लेमेंट स्टोन को सफलता का नया सिद्धांत स्थापित करने का मौका मिला था, जिसे उसने बाद में नाम दिया था—'दूसरे लोगों का धन' (अदर पीपल्स मनी/ओ.पी.एम.)।

इस तरह क्लेमेंट ने दूसरे के धन का उपयोग कर सन् 1939 में कंबाइंड म्यूचुअल कैजुअल्टी कंपनी का गठन किया था। 1960 के दशक के शुरू में कंपनी 1,500 बिक्री कर्मियों के जरिए 10 करोड़ डॉलर का वार्षिक बीमा किस्त अर्जित करने लगी थी। सन् 1963 में क्लेमेंट ने अपने कारोबार का यूरोप में भी विस्तार कर लिया था। सन् 1971 में कंबाइंड इंश्योरेंस कंपनी ऑफ अमेरिका (न्यूयॉर्क) नाम से समूचे कारोबार को पुनर्गठित किया गया था। 1980 में कंबाइंड इंटरनेशनल कॉरपोरेशन नामक कंपनी की स्थापना हुई थी, जिसे न्यूयॉर्क स्टॉक एक्सचेंज में 'पी.एम.ए.' कारोबारी कूटनाम से पंजीकृत किया गया था। फिर सन् 1982 में समूचे कारोबार का रयान इंश्योरेंस ग्रुप में विलय कर दिया था, जिसमें क्लेमेंट चेयरमैन व पैट्रिक रयान को अध्यक्ष व मुख्य कार्यकारी अधिकारी (प्रेसीडेंट और सी.ई.ओ.) नियुक्त किया गया था। सन् 1987 में जब कंपनी का नाम बदलकर 'अओन' (एकता वाचक गेलिक शब्द) रख दिया गया था, तब वह 6,000 कर्मचारियों के माध्यम से 2.50 अरब डॉलर का वार्षिक बिक्री राजस्व अर्जित कर रही थी। 1990 के दशक में क्लेमेंट ने अवकाश-प्राप्त सभापति (चेयरमैन एमेरिटस) पद नाम धारण कर कंपनी की कार्यकारी जिम्मेदारियों से खुद को मुक्त कर लिया था।

3 सितंबर, 2002 को 100 वर्ष की उम्र में जब क्लेमेंट की मृत्यु हुई थी, तब अओन एक विशाल अंतरराष्ट्रीय निगम का रूप धारण कर चुकी थी, जो 600 कार्यालयों में 55,000 कर्मचारियों के माध्यम से विश्व के 125 देशों में अपना कारोबार चला रही थी।

लेकिन वर्ष 2008 में अओन ने कंबाइंड इंश्योरेंस कंपनी ऑफ अमेरिका को 2.56 अरब डॉलर में ऐस लिमिटेड (ज्यूरिख, स्विट्जरलैंड) को बेच दिया था।

सफलता सिद्धांत का प्रचारक—इस बीच विलियम क्लेमेंट स्टोन ने व्यक्तिगत सफलता साहित्य के प्रणेता नेपोलियन हिल के साथ मिलकर 'सक्सेस थ्रू ए पॉजिटिव मेंटल एटीट्यूड' (1960) की रचना की थी, जिसकी करीब 2.50 लाख प्रतियाँ बिकी थीं। इससे उत्साहित होकर क्लेमेंट ने इसी विषय-वस्तु पर आधारित आत्मकथा 'सक्सेस सिस्टम दैट नेवर फेल्स' (1962) की रचना की थी। उस समय तक विलियम क्लेमेंट स्टोन बिल्कुल धर्म-प्रचारक जैसे उत्साह के साथ विश्व के सफल व धनवान् होने के अपने व्यावहारिक सिद्धांतों को प्रसारित करने में जुट गया था। फिर उसने 'सक्सेस अनलिमिटेड' पत्रिका की स्थापना की थी, जिसमें अन्य सफल व्यक्तियों के आलेखों को प्रकाशित किया जाता था। 1960 के दशक के अंत में क्लेमेंट ने अपनी दो पुस्तकों के मूल प्रकाशक प्रेंटिस-हॉल की सहयोगी प्रकाशन शाखा—हॉथोर्न बुक्स को भी अधिगृहीत कर लिया था। इसके साथ ही, क्लेमेंट ने पाठ्य पुस्तक कंपनी—एप्पल्टन सेंचुरी क्रॉफ्ट्स सहित अन्य प्रकाशन संपत्तियों को हॉथोर्न बुक्स के अंतर्गत संगठित कर दिया था।

इतना ही नहीं, क्लेमेंट ने 1950 के दशक के मध्य में ही 'दूसरे लोगों का धन' (अदर पीपल्स मनी/ओ.पी.एम.) सिद्धांत को लागू करके अनोखा उदाहरण पेश किया था। उसके पास ऋण के लिए लियोनार्ड लाविन नामक एक प्रतिभाशाली युवक आया था, जो प्रसाधन सामग्रियों (कॉस्मेटिक) की कंपनी स्थापित करना चाहता था। क्लेमेंट ने उसे ओ.पी.एम. का सिद्धांत समझाया था और अपनी जमानत पर लाविन को 4.50 लाख डॉलर का बैंक ऋण दिलवा दिया था। इसके बदले में राविन ने क्लेमेंट को अपनी कंपनी अल्बर्टो-कल्वर की एक-चौथाई हिस्सेदारी दी थी। अगले पाँच वर्षों में ही उस कंपनी ने इतनी सफलता हासिल कर ली थी कि 1960 में क्लेमेंट की हिस्सेदारी का मूल्य 3 करोड़ डॉलर हो गया था। जी हाँ, विलियम क्लेमेंट स्टोन ने इतना धन कमाने के लिए एक पैसा भी निवेश नहीं किया था, बल्कि बैंक के पास बस अपनी 'साख' को गिरवी रखा था; लेकिन इससे भी बड़ी बात यह थी कि वह राविन की अपार संभावनाओं को परखने में सक्षम था।

जी हाँ, विलियम क्लेमेंट स्टोन अपने बिक्री कर्म में मूल सफलता सिद्धांत—सकारात्मक मानसिक दृष्टिकोण (पॉजिटिव मेंटल एटीट्यूड/ पी.एम.ए.) को लागू कर न केवल बहुत अधिक धनवान् बन पाने में सफल रहा था, बल्कि आजीवन दूसरों को भी अपनी ही तरह सफल बनाने का अभियान चलाता रहा था।

□

अध्याय 3

जोसेफ हिर्शहॉर्न : नई खोज पर दाँव खेलनेवाला जुनूनी सट्टेबाज

धनवान् बनने के सपने को साकार करने के तमाम तरीके हैं, लेकिन इसमें कोई शक नहीं है कि उनमें शेयर बाजार सबसे सामान्य तरीका है। यह सबसे पुराना, शानदार व नशीली चाहत है, जो विश्व के हरेक पूँजीवादी देश में निजी औचित्य (प्राइवेट इक्विटी) कारोबार-प्रणाली के माध्यम से पूरी करने की कोशिश की जाती रही है। हालाँकि वामपंथी देशों में शेयर बाजार को बहुत बाद में वैधानिक मान्यता दी गई, लेकिन यह भी सच है कि अविभाजित सोवियत संघ के कई बड़े धनवानों ने भी गुप्त रूप से स्विस व अमेरिकी बैंकों के परोक्ष माध्यमों से वॉल स्ट्रीट के प्रति अपनी अदम्य चाहत पूरी करने की कोशिशें की थीं। चौंकिए मत, जब रूस में सभी प्रकार के पूँजीवादी साहित्यों के वितरण प्रतिबंधित थे, तब भी मॉस्को में अन्य भूमिगत प्रकाशनों के साथ-साथ एक सप्ताह पुराने वॉल स्ट्रीट जर्नल के भी वितरण हुआ करते थे। जी हाँ, शेयर बाजार का आकर्षण ही इतना सर्वव्यापी व मजबूत रहा है कि रूसी नागरिक भी उसमें भाग लेने के लिए न केवल दिवालिया होने का, बल्कि गिरफ्तारी व कैद जैसा जोखिम उठाने को भी तैयार हो जाते थे।

अब सहज ही यह सवाल उठता है कि शेयर बाजार के प्रति इतना आकर्षण क्यों? इस अदम्य चाहत के कारण का एक हिस्सा यह है कि शेयर बाजार सभी को लागत के मुकाबले अधिक कमाई के मौके देता रहा है, लेकिन

इस बाजार की चाहत का नशीला पहलू यह है कि यह मंच हास्यास्पद रूप से आसान तरीके से धन का अंबार लगाने के वादे की प्रस्तुति करता हुआ दिखाई देता है, मानो इस बाजार में बिना कुछ किए भी बहुत ही आसानी से धनवान् बना जा सकता हो। तभी तो दुनिया भर के लोग इस बाजार के दीवाने हैं। आप तुलना करके देख लीजिए, किसी भी अन्य कारोबार के मुकाबले शेयरों की खरीद-बिक्री बहुत ही ज्यादा आसान दिखती है और यही कारण है कि सभी इस रास्ते पर चलने को तैयार हो जाते हैं। हाँ, घुड़दौड़ (हॉर्स रेसिंग) इससे भी आसान तरीका है, लेकिन उससे जुए की बू आती है और हर कोई खुद को जुआरी नहीं कहलवाना चाहता है। इसके अलावा, घुड़दौड़ में पैसा लगाने में बहुत ज्यादा जोखिम भी है।

तो शेयर बाजार सभी को जुआ जैसी नशीली कमाई का मौका भी देता है और उसके मुकाबले बहुत ही कम जोखिम का सुरक्षित माहौल भी। जी हाँ, सभी शेयर दलाल (स्टॉक ब्रोकर) व शेयर बाजार (स्टॉक एक्सचेंज) के कर्मचारी लगातार यह आश्वासन जरूर देते हैं कि शेयर कारोबार (स्टॉक ट्रेडिंग) 'निवेश करना' (इन्वेस्टिंग), न कि 'जुआ खेलना' (गैंबलिंग)। वे लोग यही कहते हैं और अधिकांश लोग ऐसा विश्वास भी करने लगते हैं; लेकिन इससे भी सबसे आकर्षक बात यह है कि इस कारोबार को करना तो हास्यास्पद रूप से भी ज्यादा आसान दिखता है। जो मरजी खरीदो और जब मरजी बेचकर बाहर हो जाओ। मुनाफा अंदर, बस यही तो खेल-सा नजर आता है शेयर बाजार! इतना ही नहीं, इस बाजार में कारोबार का कोई बंधन नहीं है। कोई भी इसमें हिस्सा ले सकता है। बस, एक ही चीज जरूरी है—धन। धन लगाओ, धन बनाओ, यही तो आश्वासन है शेयर बाजार का! इतना ही नहीं, एक बार जब आप इस बाजार में स्थापित हो जाते हैं तो यह और भी आसान हो गया लगता है। तब तो 'सस्ते में खरीदो और महँगे में बेच दो', यही शेयर बाजार में कमाई का मूल मंत्र-सा लगता है। कोई ज्यादा लंबा-चौड़ा पढ़ने-लिखने की जरूरत भी नहीं; बस, आपको साधारण अंकगणित आना चाहिए। कोई पाठ्य पुस्तक पढ़ने की जरूरत नहीं; कोई परीक्षा उत्तीर्ण होने का संकट

नहीं; 'नीचा खरीदो, ऊँचा बेचो' जैसा एकमात्र सरल नियम। इसके अलावा और कुछ सीखने की जरूरत भी नहीं। यही लगता है न?

लेकिन दु:खद व चौंकानेवाला तथ्य यह है कि कुछ लोग ही सचमुच में अधिक धन बना पाते हैं शेयर बाजार में। यह खेल दिखने में जितना आसान लगता है, उसका एक-दहाई भी आसान नहीं है। लेकिन यह सच कभी भी सार्वजनिक नहीं हो पाता और जब कभी भी यह क्रूर सच्चाई सामने आती है और जो कोई भी उसे सार्वजनिक करने की कोशिश करता है तो शेयर बाजार की मठाधीश मंडली उसे 'खोखला निराशावाद' करार देकर सिरे से खारिज कर देती है। बाजार का चेहरा कभी भी नहीं बदलता। वह हमेशा सदाबहार, नशीला व आकर्षक बना रहता है और लोगों की दीवानगी कभी कम नहीं होती। यह हमेशा से धरती पर धन कमाने के सबसे आसान तरीके के रूप में स्थापित है। इस अध्याय में और आनेवाले कुछ अध्यायों में हम दुर्लभ प्रजाति के कुछ व्यक्तियों के बारे में जानेंगे, जिन्होंने शेयर बाजार में आश्चर्यजनक सफलताएँ हासिल कीं। ये उदाहरण साबित करते हैं कि शेयर बाजार में कमाई करने के लिए काफी असामान्य होना तो जरूरी है। साथ ही जन-साधारण में यह उम्मीद भी जगाते हैं कि यह कोई असंभव कार्य नहीं है, जिसे किया नहीं जा सकता। आखिरकार वे भी मनुष्य ही थे, कोई अति मानव या देवता नहीं। सफल होने से पहले वे भी जन-साधारण ही तो थे—आपके, हमारे जैसे। हम संभवत: यह खुशफहमी पाल सकते हैं, यदि वे लोग असाधारण रूप से सफल हो सकते हैं तो हम क्यों नहीं? भले ही उनके जैसी सफलताएँ न मिलें, लेकिन उनके रास्तों पर चलकर अच्छी कमाई तो सुनिश्चित की ही जा सकती है।

असल में, शेयर बाजार में धनी होने के तीन रास्ते हैं। पहला रास्ता है शेयरों की खरीद-बिक्री का, जिस पर चलकर अधिकांश लोग धन बनाने की कोशिश करते हैं। दूसरा रास्ता है शेयर बेचने का। खुद कारोबार करने की बजाय आप दलाल (ब्रोकर) या सलाहकार (एडवाइजर) या अन्य सेवाएँ देकर शेयर बाजार में कमाई कर सकते हैं। इस भूमिका में आप लाखों-करोड़ों दीवानों को बिना कुछ किए, कुछ (समथिंग फॉर नथिंग) कमाई करने की

शेयर योजनाएँ बेच सकते हैं। तीसरा तरीका है शेयर बाजार मंच का इस्तेमाल। यह तरीका कंपनी की रचना कर या फिर कुछ मायावी संसार बनाकर (जो कंपनी जैसा लगे) लोगों को उनके शेयर बेच सकते हैं और उनके जरिए होनेवाले धन-प्रवाह को इस तरह से घुमा-फिरा सकते हैं, जो अंततः आपकी ही जेब में आ जाता है।

इस अध्याय में हम ऐतिहासिक अमेरिकी शेयर बाजार खिलाड़ी जोसेफ हरमन हिर्शहॉर्न (11 अगस्त, 1899 से 31 अगस्त, 1981) के बारे में जाननेवाले हैं, जो झुग्गी-झोंपड़ी में पल-बढ़कर वॉल स्ट्रीट में आया और खनन कंपनियों के शेयरों पर दाँव लगाकर 10 करोड़ डॉलर से अधिक की कमाई की। जी हाँ, वह ऐसा शख्स था, जिसने यह स्वीकार करने में कभी हिचकिचाहट नहीं दिखाई कि उसके कारोबार का तरीका बिल्कुल 'जुआ' जैसा ही था। उस पर अवैध प्रतिभूतियों की बिक्री व अवैध रूप से कनाडा के बाहर नकदी की तस्करी के मामले में जुरमाना लगाया गया, कनाडा से निर्वासित भी होना पड़ा; लेकिन बाद में उसने अपील की और खुद को आप्रवासी घोषित करवाकर ही दम लिया; लेकिन वह खुद को निवेश बैंकर (इन्वेस्टमेंट बैंकर) व प्राकृतिक संसाधन विकासकर्ता (नेचुरल रिसोर्स डेवलपर) कहने में गर्व मसहूस करता था और उसके कारनामे आज भी शेयर बाजार में किंवदंती बने हुए हैं।

लातिविया से अमरीका : जोसेफ हरमन हिर्शहॉर्न का जन्म 11 अगस्त, 1899 को उत्तरी यूरोप के बाल्टिक क्षेत्र के गणराज्य लातिविया की राजधानी रिगा से 42 कि.मी. दक्षिण-पश्चिम में स्थित जेलगावा (मितायु) के एक ग्रामीण यहूदी परिवार में हुआ था। वह अपने माता-पिता की 13 में से 12वीं संतान था। उसकी छोटी बहन को पैदा हुए अभी दो-तीन दिन ही हुए थे कि उसके पिता का अचानक देहांत हो गया था। उसके पिता आँत की सूजन के कारण पेट में हो रहे दर्द (डाइवरटीकुलिटिस) से पीड़ित थे। हिर्शहॉर्न को भी आजीवन इस परेशानी का सामना करना पड़ा था। उसकी माँ एमेलिया काफी पढ़ी-लिखी थी और बहुत अच्छे परिवार की थी। पति की मृत्यु के बाद उस

पर अचानक कुल 10 जीवित बच्चों (4 बेटे व 6 बेटियों) के भरण-पोषण का भार आ गया था। वह छह वर्ष के हिर्शहॉर्न सहित सभी बच्चों के साथ अमेरिका आ गई थी। उन्हें न्यूयॉर्क महानगर में गरीब यूरोपीय आप्रवासियों की शरण-स्थली के रूप में फैल रही गंदी झुग्गी-झोंपड़ी बस्ती में रहकर अपना भविष्य सँवारने की उम्मीदें सँजोने का मौका मिला था।

जोसेफ हरमन हिर्शहॉर्न को ब्रुकलीन की उस बस्ती में आए अभी 24 घंटे ही हुए थे कि उसे वित्त-पोषण (फाइनेंस) का पहला पाठ सीखने को मिला था। पड़ोसी लड़कों ने उसे उत्तरी अमेरिका में लोकप्रिय पासों का खेल (जुआ) 'क्रेप्स' खेलना शुरू करा दिया था। हालाँकि हिर्शहॉर्न तब अंग्रेजी बोलना नहीं जानता था, लेकिन वह बहुत जल्द 'क्रेप्स' में जीतना सीख गया था और अपने साथियों को हरा दिया था, उनके सारे पैसे जीत लिये थे। लेकिन उन साथियों ने मिलकर उसकी जमकर पिटाई की और अपने हारे हुए पैसे उससे वापस छीन लिये थे। उसकी माँ एमेलिया को एक अलग तरह की यातना झेलनी पड़ रही थी, जो एक पॉकेट बुक फैक्टरी में 12 डॉलर प्रति सप्ताह की मजदूरी पर लगातार छह दिन तक प्रतिदिन 12 घंटे का कठिन परिश्रम कर रही थी। इस तरह जब थोड़ी कमाई हुई थी तो एमेलिया अपने बच्चों को लेकर हंबोल्ट स्ट्रीट स्थित थोड़ी बड़ी झुग्गी में रहने लगी थी।

इस तरह, जब करीब तीन साल गुजरे थे तो मई 1908 में एक दिन हिर्शहॉर्न के कुनबे को भारी आगजनी का सामना करना पड़ा था, जब हंबोल्ट स्ट्रीट की झुग्गियाँ जल कर खाक हो गई थीं। उस दुर्घटना में एमेलिया घायल हो गई थी और उसे अस्पताल में भरती किया गया था। इस दौरान हिर्शहॉर्न व उसके भाई-बहनों को आस-पड़ोस के इलाके में भीख माँगकर अपने को जिंदा रखना पड़ा था।

वर्ष 1911 के वसंत में हिर्शहॉर्न पाँचवीं कक्षा के बच्चों के साथ स्टेटन आइलैंड (न्यूयॉर्क सिटी के पाँच नगरों में से एक, जो सबसे दक्षिण में बसा है) की अध्ययन-यात्रा पर गया था। जब उसका दल नाव की सवारी के लिए लोअर मैनहट्टन में ब्रॉड स्ट्रीट पर जमा हुआ था तो हिर्शहॉर्न की नजर पास

के ग्रीनविच स्ट्रीट पर खुले में बोली लगाकर कारोबार कर रहे न्यूयॉर्क कर्ब मार्केट के दलालों के झुंड पर पड़ी थी। वे लोग लाल व हरे टोप पहने हुए थे। वह अध्ययन-यात्रा पर जाने की बजाय सारा दिन वहीं पर दलालों की गतिविधियों को देखता रह गया था। तब हिर्शहॉर्न को कहाँ पता था कि अगले तीन साल बाद वह यहीं पर काम करने लगेगा और उसकी जिंदगी हमेशा के लिए बदल जाएगी। तब उसने एक अज्ञात आकर्षण महसूस किया था और उसे लगा था कि एक दिन वह जरूर इस जगह पर आएगा।

ध्यान रहे कि अमेरिकी नागरिक युद्ध के बाद सन् 1865 तक, न्यूयॉर्क के लोअर मैनहट्टन में ग्रीनविच स्ट्रीट पर कर्बस्टोन (ढाले गए कंक्रीट ब्लॉक) के दलालों ने लोहे, इस्पात, कपड़ा, रसायन आदि की छोटी औद्योगिक कंपनियों के शेयरों की खरीद-बिक्री का कारोबार शुरू कर दिया था। 20वीं सदी की शुरुआत में इस बाजार को संगठित करने की कोशिशें शुरू हो गई थीं। इसी क्रम में सन् 1908 में इन कारोबारी प्रथाओं को मानक स्वरूप देने तथा नियमबद्ध करने के लिए 'न्यूयॉर्क कर्ब मार्केट एजेंसी' की स्थापना की गई थी। फिर सन् 1911 में जब दलाली (ब्रोकरेज) व शेयर सूचीकरण (शेयर लिस्टिंग) के मानकों के साथ औपचारिक संविधान बना तो कर्बस्टोन दलालों के इस अड्डे को 'न्यूयॉर्क कर्ब मार्केट' के नाम से जाना जाने लगा। सन् 1921 में 'न्यूयॉर्क कर्ब एक्सचेंज बिल्डिंग' (बाद में अमेरिकन स्टॉक एक्सचेंज बिल्डिंग) का निर्माण होने से पहले तक तक वहाँ पर खुले में ही कारोबार होता था। बाद में यह इलाका 'वॉल स्ट्रीट' के रूप में अंतरराष्ट्रीय पूँजी बाजार के रूप में विकसित होता चला गया था।

वॉल स्ट्रीट में प्रवेश : वर्ष 1914 में जब हिर्शहॉर्न 14 वर्ष का था तो उसने गहने की दुकान में 20 डॉलर प्रति सप्ताह की नौकरी छोड़ दी थी और न्यूयॉर्क कर्ब मार्केट में दलाल बनने के लिए चक्कर लगाना शुरू कर दिया था। उस मंदी के चलते तीन महीनों से बाजार बंद पड़ा था और दलाल ताश खेल रहे थे। हिर्शहॉर्न ने जब अपनी मंशा बताई थी तो सभी हँस पड़े थे कि वे लोग खुद ही नौकरी ढूँढ़ रहे थे। अचानक नौकरी छोड़कर शेयर दलाल

बनने के सपने के चलते उसकी माँ एमेलिया ने उसकी पिटाई भी की थी; लेकिन वह इस बाजार में आने के लिए आतुर था। तब उसे उसी रोड पर एमर्सन फोनोग्राफ कंपनी में चपरासी की नौकरी मिल गई थी।

जल्द ही उसे पता चल गया था कि एमर्सन फोनोग्राफ के एक महाप्रबंधक रिचर्ड वाइकॉफ 'मैगजीन ऑफ वॉल स्ट्रीट' नामक पत्रिका का संपादन व प्रकाशन भी करते थे। उनका एक कार्यालय था, जिसमें शेयर टिकट मशीन भी लगी हुई थी। करीब छह महीने बाद एक दिन हिर्शहॉर्न साहस जुटाकर रिचर्ड वाइकॉफ के कार्यालय में घुस गया था और उनसे कहा था कि वह चपरासी नहीं, दलाल बनना चाहता था। हिर्शहॉर्न का दु:साहस काम आया था और अगले एक पखवाड़े बाद वह रिचर्ड वाइकॉफ के लिए 12 डॉलर प्रति सप्ताह के वेतन पर शेयर चार्ट बनाने का काम करने लगा था।

अगले तीन वर्षों में हिर्शहॉर्न वॉल स्ट्रीट के तमाम दाँव-पेंच और इस बाजार से जुड़े न्यूयॉर्क के बड़े नाम से पूरी तरह वाकिफ हो गया था। इस बीच वह अतिरिक्त कमाई के लिए 12 डॉलर प्रति सप्ताह पर वेस्टर्न यूनियन में संदेशवाहक का काम भी करने लगा था। यह काम उसे शाम 6 बजे से लेकर 2 बजे रात तक करना पड़ता था; लेकिन इस काम में उसे इतना ज्यादा पैदल चलना पड़ता कि उसके पाँव बुरी तरह सूज जाते थे। अंतत: उसने वह काम छोड़ दिया था और अपने एक पखवाड़े का वेतन लेने भी वहाँ नहीं गया था। इस नुकसान की भरपाई के लिए हिर्शहॉर्न ने वॉल स्ट्रीट के एक अन्य प्रतिष्ठान साइरस जे.के. लॉरेंस एंड कंपनी में भी शेयर चार्ट बनाने का काम शुरू कर दिया था।

शुरुआती सफलता व कड़वे अनुभव : 17 वर्ष की उम्र में हिर्शहॉर्न ने इतना धन जुटा लिया था कि वह दलाल बनने का सपना पूरा कर सके। 255 डॉलर की पूँजी से उसने न्यूयॉर्क कर्ब मार्केट में दलाली शुरू की थी। एक साल के भीतर वह इतनी कमाई कर चुका था कि उसने अपनी माँ के लिए लॉन्ग आइलैंड में एक घर खरीदा और अपने लिए पहला बढ़िया कपड़ा भी। लेकिन हिर्शहॉर्न के लिए हमेशा सबकुछ लाभकारी ही नहीं था। प्रथम विश्वयुद्ध के

दौरान जब नवंबर 1918 में युद्ध विराम हुआ था और लक्कावान्ना स्टील के शेयरों के भाव काफी नीचे आ गए थे तो हिर्शहॉर्न ने हठपूर्वक उसके बहुत सारे शेयर खरीद लिये थे। यह एक ऐसा दाँव था, जिसमें हिर्शहॉर्न को 1,67,000 डॉलर का काफी भारी घाटा हुआ था और उसके पास माँ के घर के अलावा तथा सिर्फ 4,000 डॉलर ही बच सके थे। बहुत बाद में उसने 'फॉर्च्यून' पत्रिका तथा अन्य को दिए गए साक्षात्कारों में बातचीत में यह स्वीकार किया था, ''मैंने गलतियाँ की हैं, बहुत सी। सिर्फ एक झूठा ही यह कह सकता है कि उससे कभी कोई गलती नहीं हुई।'' हाँ, इस गलती से हिर्शहॉर्न ने बहुत कठिन सबक भी सीखा था। उसका मानना था कि गिरे हुए शेयर को कभी खरीदना नहीं चाहिए, बशर्ते कि आप उस कंपनी के अंदरूनी व्यक्ति हों और बखूबी जानते हों कि कंपनी में क्या कुछ चल रहा है।

गैर-सूचीबद्ध प्रतिभूतियों का कारोबार : पहली सफलता के बाद हुए भारी घाटे के बाद हिर्शहॉर्न को एक बार फिर से सबकुछ शुरू करना पड़ा था। काफी मशक्कत के बाद 20वाँ दशक जोसेफ हरमन हिर्शहॉर्न के लिए भाग्यशाली साबित हुआ और वह धनी होने लगा। सन् 1922 में उसने ब्रुकलिन की जेनी बर्मन से शादी की, जिससे उसे चार बच्चे होने वाले थे। वर्ष 1924 में उसने न्यूयॉर्क कर्ब मार्केट को छोड़ दिया और गैर-सूचीबद्ध प्रतिभूतियों (अनलिस्टेड सिक्योरिटी) के कारोबार में आ गया। कुछ समय उसने किसी के साथ मिलकर यह कारोबार शुरू किया था, लेकिन साझेदारी ज्यादा समय तक चल नहीं सकी। फिर, वह 'जे. एच. हिर्शहॉर्न एंड कंपनी' के नाम से अकेले ही कारोबार करने लगा था। वह कंपनी दलालों की दलाली करता था और वर्ष 1928 आते-आते प्रतिमाह 2 लाख डॉलर का लाभ कमाने लगा था।

वर्ष 1929 की वसंत ऋतु में जब हिर्शहॉर्न 5 लाख डॉलर में न्यूयॉर्क स्टॉक एक्सचेंज की सदस्यता सुरक्षित करने की सोच रहा था, लेकिन अचानक उसने अपना इरादा बदल लिया। क्यों? 'फॉर्च्यून' पत्रिका से बातचीत में हिर्शहॉर्न ने इस बारे में बहुत रोचक बात बताई थी। उसने कहा कि तब उसे पता चला था कि डॉक्टर व अन्य क्षेत्रों के लोग शेयर बाजार में दाँव लगाने के

लिए अपने जमे-जमाए काम व नौकरियाँ छोड़ रहे थे। बड़े जुआरी व्यापारियों ने बिजली, गैस आदि उपयोगिता कंपनियों के शेयरों की जमकर खरीदारी की थी और उनके भाव तेजी से ऊपर चढ़ रहे थे। मुनाफाखोर दलाल व व्यापारी बाजार में पूरी तरह पागलपन जैसी स्थिति कायम कर आम लोगों को लूटने पर तुले हुए थे। उस समय हिर्शहॉर्न को यह अनुमान लगाते देर नहीं लगी थी कि बाजार को गलत दिशा में ले जाने की साजिश चल रही थी। वह जानता था कि आनेवाला समय इलेक्ट्रॉनिक्स व कंप्यूटर तकनीक का था। ऐसी स्थिति में हिर्शहॉर्न ने अगस्त 1929 में अपने अधिकांश शेयर उच्चतम भाव पर बेच दिए थे और 40 लाख डॉलर से अधिक की नकदी के साथ बाहर आ गया था। उसका अनुमान बिल्कुल सटीक निकला और अगले कुछ महीनों बाद दिसंबर 1929 में बाजार धड़ाम से जमीन पर आ गया था। हालाँकि बाजार गिरने के बाद हिर्शहॉर्न ने एक बार फिर से खरीदारी शुरू की थी, लेकिन मार्च-अप्रैल 1930 में उन्हें फिर से वापस बेच दिया था। बाद में उसने कहा था कि भले ही उसने अपनी सूझ-बूझ से अच्छी कमाई की थी, लेकिन फिर भी वह तब भी शेयर बाजार का बच्चा ही था। उसने माना कि यदि वह पर्याप्त अनुभवी होता तो न्यूनतम भाव में खरीदे शेयर को डरकर नहीं बेचता, क्योंकि बाद में उन शेयरों से और भी मोटी कमाई का मौका मिलने वाला था।

कनाडा में स्वर्ण-खनन पर दाँव : खैर, हिर्शहॉर्न ने भले ही खुद को अमेरिकी शेयर बाजार से जरूर निकाल दिया था, लेकिन जल्द ही उसने कनाडा में कमाई का मौका ढूँढ़ निकाला था। वह वहाँ पर दो-तीन बार गया था तो उसे पता चला था कि वहाँ सोने की खुदाई करनेवाली कंपनियों के शेयर में मोटी कमाई की जा सकती थी। वर्ष 1933 की शुरुआत में जब विश्व महामंदी की भयानक स्थिति को ज्यादा समय तक न झेल पाने के कारण अमेरिकी बैंकिंग प्रणाली पूरी तरह ध्वस्त हो चली थी, उसे बचाने के लिए अपनी नियुक्ति के पाँच दिनों बाद ही (9 मार्च, 1933 को) राष्ट्रपति फ्रेंकलिन रूजवेल्ट ने अमेरिकी संसद् में 'आपातकालीन बैंकिंग राहत अधिनियम' पारित कर देश की अर्थव्यवस्था को पटरी पर लाने की कोशिशें शुरू की थीं। ठीक

उसी दिन हिर्शहॉर्न ने टोरंटो (कनाडा) में 'जे.एच. हिर्शहॉर्न एंड कंपनी' के कार्यालय का उद्घाटन किया था। यह हिर्शहॉर्न के भाग्योदय की शुरुआत थी।

16 नवंबर, 1933 को हिर्शहॉर्न ने टोरंटो के प्रमुख अखबार 'नॉर्दर्न माइनर' में पूरे पृष्ठ का विज्ञापन जारी किया था, जिसका शीर्षक था—'माय नेम इज फॉर्च्यून एंड आई एम पेजिंग कनाडा' (मेरा नाम सौभाग्य है और मैं कनाडा में पृष्ठीकरण कर रहा हूँ।) उस विज्ञापन में किसी को भी ललचा देनेवाली घोषणाएँ की गई थीं, "कनाडा, तुम्हारे दिन आ गए हैं। दुनिया तुम्हारे कदमों में है, भीख माँग रही है कि तुम अपने धन को बाहर निकालो, जो कि धरती माँ में दबा पड़ा है…तब तक फावड़ा चलाते रहो, जब तक कि वह ठोस, सख्त, पीले धातु पर प्रहार नहीं करता, जब तक अछूते जंगल से 'सोने' की चीख-पुकार न गूँजने लगे…और जहाँ तक हमारी बात है, हम इस देश के भविष्य में इतना भरोसा करते हैं कि हमने अधिराज्य में स्वर्ण-खनन (गोल्ड माइनिंग) व अन्य उद्योगों में निवेश किया है और ऐसा करना जारी रखेंगे।"

जी हाँ, यह विज्ञापन पढ़कर कहीं आपको ऐसा तो नहीं लगता कि यह किसी पारंपरिक शेयर दलाल का शब्दजाल भर था? जी नहीं, यह कोई कविता नहीं थी। यह विशुद्ध हिर्शहॉर्न था। क्या ऐसा नहीं लगता कि उसे अपने सपनों का वित्त बाजार मिल गया था और वह एक उत्तेजित प्रेमी की तरह प्रेमिका से व्यवहार कर रहा था, पुकार लगा रहा था। वह साफ कहा करता था कि वह कोई निवेशक (इन्वेस्टर) नहीं, बल्कि 'सट्टेबाज' (स्पेकुलेटर) था। किसी ब्लू चिप (विश्वसनीय) कंपनी या उसके सुनिश्चित लाभांश (डिविडेंड) में उसकी कोई रुचि नहीं थी—उसे यह सब दादी-नानी की कहानियों तथा बच्चों के खेल से अधिक नहीं लगता था। सचमुच, हिर्शहॉर्न हमेशा ऐसी ठोस संभावनाओं की तलाश करता आ रहा था, जिसकी लागत तो सिर्फ 'डाइम' (डॉलर का 10वाँ हिस्सा) हो, लेकिन उससे 10 डॉलर यानी 100 गुना ज्यादा कमाई का मौका मिले।

लेकिन जैसा कि हर जगह होता है, अकसर क्रांतिकारियों के आह्वान को लोग अनसुना कर देते हैं। कनाडा के आम लोगों की तो छोड़िए, टोरंटो

के साहूकारों व बड़े निवेशकों को भी हिर्शहॉर्न की पुकार सुनाई नहीं दी थी। उसकी भविष्यवाणी में कोई ठोस तथ्य नजर नहीं आया था और किसी ने उसकी भविष्यवाणी का तत्काल स्वागत नहीं किया था। संभवत: किसी को हिर्शहॉर्न की बात ही समझ नहीं आई थी। सभी को हिर्शहॉर्न में अमेरिकन रोबोट जैसा दिन-रात काम करनेवाला और ब्रुकलिन के फेरीवाले की तरह बोली लगानेवाले से ज्यादा कुछ भी नजर नहीं आया था। जाहिर है कि टोरंटो का अनसुनापन हिर्शहॉर्न को भी बुरा लगा था। वहाँ के लोग उसे किसी दुराचारी से ज्यादा कुछ समझने को तैयार नहीं थे। हाँ, बात यह भी थी कि हिर्शहॉर्न अभी उतना पक्का उस्ताद भी नहीं हुआ था कि हर गलती करने से पहले उसे पता चल जाए। वह अभी भी 'ट्रायल एंड एरर' (परीक्षण और त्रुटि) की स्वाभाविक प्रक्रिया से गुजर रहा था और कभी-कभी उससे बड़ी गलती भी हो जाया करती थी, जैसे कि 'तासोटा गोल्ड' नामक एक स्वर्ण-खनन कंपनी में 4 लाख डॉलर की चपत लगी थी; लेकिन उसके लिए यह घाटा लैकवाना स्टील जैसी असफलता ही थी।

इस घटना में हिर्शहॉर्न ने सीखा था कि यदि खनन अभियंताओं (माइनिंग इंजीनियर्स) का दल अच्छा नहीं है तो खनन कंपनी का भविष्य चौपट होना तय है। उसने गहराई से खोजबीन की थी और फिर गुन्नार गोल्ड माइनिंग कॉरपोरेशन पर दाँव खेला था। उसने 20 सेंट प्रति शेयर की दर से गुन्नार गोल्ड के 5,98,000 कारोबारी शेयर खरीद लिये थे। तीन महीने बाद, जब जुलाई 1934 में गुन्नार गोल्ड का टोरंटो एक्सचेंज में विधिवत् कारोबार शुरू हुआ तो उसके भाव उछलकर सीधे 2.50 डॉलर पर पहुँच गए। जी हाँ, इतने कम समय में हिर्शहॉर्न 12.5 गुना अधिक मूल्य पर गुन्नार गोल्ड को बेचने की स्थिति में आ गया था और उसने धीरे-धीरे मुनाफा वसूली शुरू कर दी थी। जब अक्तूबर के अंत में टोरंटो प्रतिभूति आयुक्त (टोरंटो सिक्योरिटीज कमिश्नर) ने इस मुनाफा-वसूली की जाँच शुरू की थी तो 31 अक्तूबर को सिर्फ दो घंटे में गुन्नार गोल्ड के भाव 1.43 डॉलर प्रति शेयर से गिरकर 94 सेंट पर आ गए। चूँकि हिर्शहॉर्न ने अकेले ही सारी बिकवाली की थी, जिसमें

किसी प्रकार की साजिश साबित नजर नहीं आई, इसलिए आयुक्त ने उसे आरोप-मुक्त कर दिया। अब टोरंटो के साहूकारों को समझ आया कि हिर्शहॉर्न सचमुख 'सोने की खुदाई' कर रहा था!

प्रेस्टन में मोटी कमाई का मौका : हिर्शहॉर्न को सचमुच में बड़ी सफलता वर्ष 1936 में मिली थी, जब उसने 'प्रेस्टन ईस्ट डोम माइंस' नामक स्वर्ण-खनन कंपनी में पैसा लगाया था। इस कदम ने हिर्शहॉर्न को लंबी दूरदृष्टि वाला खिलाड़ी साबित किया था। असल में, सदी की शुरुआत में उत्तरी ओंटोरियो के पोर्कुपिन क्षेत्र में स्थापित हुई प्रेस्टन ईस्ट डोम माइंस भयंकर आगजनी में अपनी सारी स्थापनाएँ मटियामेट हो जाने के बाद से गंभीर आर्थिक संकट में फँस गई थी और टोरंटो एक्सचेंज में उसके शेयर 5 सेंट से भी नीचे के भाव में बेचे जा रहे थे। डगलस राइट नामक भूगर्भशास्त्री (जियोलॉजिस्ट) के अलावा सभी ने यह आशा करना भी छोड़ दिया था कि प्रेस्टन ईस्ट डोम माइंस के दिन फिरेंगे और उसके शेयर से कुछ कमाई का भी मौका मिलेगा। डगलस राइट को जब हिर्शहॉर्न की दूरगामी सोच व दुःसाहस भरे निवेश की आदतों का पता चला था तो वह एक दिन उसके दफ्तर चला गया था और फिर उसे कंपनी की सारी कहानी सुनाई थी। हिर्शहॉर्न को डगलस की कहानी में सच्चाई नजर आई और उसने एक खुदाई कार्यक्रम के लिए कंपनी में 25 हजार डॉलर का निवेश किया था।

तीन महीने बाद ही पुरानी जगह से सिर्फ 25 फीट दूर सोना मिल गया था। फिर, इस खबर से स्वाभाविक रूप से प्रेस्टन के शेयरों के भाव बढ़ने शुरू हुए थे। लेकिन संदेहवादियों को ऐसा लगा कि कंपनी को संयोगवश कोई आसान लक्ष्य मिल गया था। उन्हें ऐसा लग रहा था कि फिर से प्रेस्टन के भाव गिरेंगे और उन्होंने छोटी मुनाफा-वसूली के लिए उन शेयरों को बेचना शुरू कर दिया। दूसरी तरफ, हिर्शहॉर्न ने उन शेयरों को तब तक खरीदना जारी रखा हुआ था, जब तक कि उसके पास प्रेस्टन के संपूर्ण पूँजीकरण का बड़ा हिस्सा नहीं आ गया था। फिर, जब प्रेस्टन का वार्षिक लाभ 25 लाख डॉलर को पार करने लगा और उसके शेयर के भाव बढ़ने शुरू हुए तो हिर्शहॉर्न ने

अपने शेयर बेचने शुरू कर दिए। उसके बाद भी उसके पास 5 लाख शेयर बचे थे, जिस पर उसे कोई लागत नहीं बची थी। उन शेयरों में अधिकांश को उसने रियो टिंटो समूह से हुए सौदे में 7.55 डॉलर प्रति शेयर के हिसाब से बेचा था।

साफ है कि हिर्शहॉर्न ने प्रेस्टन के शेयरों से बहुत मोटी कमाई की थी और उसकी गिनती बड़े धनवानों में होने लगी थी। उसने ब्रुकलिन में गुजरे संघर्ष के दौर की कड़वी यादों को भुलाने की हर संभव कोशिश की थी। अब उसकी जिंदगी टोरंटो व न्यूयॉर्क स्थित दो विलासितापूर्ण अपार्टमेंट सहित ग्रेट नैक, लॉन्ग आइलैंड, मियामी व पोकोनोस के विशाल आलीशान बँगलों में बीतने लगी थी; लेकिन मोटी कमाई के चक्कर में परिवार के लिए पर्याप्त समय न निकाल पाने के कारण हिर्शहॉर्न को दो तलाकों का भी सामना करना पड़ा था। खैर, 1940 के दशक में पारिवारिक व कुछ कानूनी लफड़ों के बीच हिर्शहॉर्न को अमेरिकी कंपनी मेसाबी आयरन, जिसके पास टैकोनाइट (लौह अयस्क) की बहुत बड़ी संपत्ति थी, के शेयरों से अंततः कुल 15.50 लाख डॉलर से अधिक का मुनाफा बटोरने का मौका मिला था।

विशाल यूरेनियम भंडार की खोज : हिर्शहॉर्न ने 'कनाडा शील्ड' और उस क्षेत्र में 'गीगर काउंटर' (विकिरण मापने का उपकरण) के कटकेंटाने के बारे में बहुत कुछ पढ़ा था। कनाडा शील्ड या लॉरेंशियन पठार पूर्व केंब्रियन काल में आग्नेय व रूपांतरित चट्टानों (भू-वैज्ञानिक ढाल) का एक बड़ा क्षेत्र है और उसे उत्तर अमेरिकी महाद्वीप का प्रमुख प्राचीन भू-वैज्ञानिक आधार माना जाता है। इस क्षेत्र में भारी मात्रा में यूरेनियम पाए जाने की खबर आई थी। शुरुआत में अधिकांश खनन कंपनियों ने इस संभावना को खोजने की कोशिशें की थीं और किसी के हाथ कुछ भी नहीं आया था, लेकिन वर्ष 1949-50 के बीच हिर्शहॉर्न ने कनाडा में उत्तर-पश्चिमी ओंटोरियो के 'अथाबास्का लेक' क्षेत्र (सस्केचेवान के उत्तर-पश्चिमी व अलबर्टा के पूर्वोत्तर कोने में स्थित) में यूरेनियम धारण करनेवाली 470 वर्ग मील जमीन का अधिकार खरीद लिया था। फिर हिर्शहॉर्न ने अपनी अद्‌भुत वित्तीय प्रतिभा से 'रिक्स अथाबास्का' का गठन किया था, जो कनाडा की पहली निजी जोखिम पूँजी से संचालित

यूरेनियम खनन कंपनी थी। जल्द ही उसने खनन भूगर्भशास्त्री फ्रैंक रेनॉल्ट जॉबिन के नेतृत्व में एक विशेष खनन अन्वेषण संगठन 'टेक्निकल माइन कंसलटेंट' की स्थापना की थी।

असल में, सन् 1942 में ब्रिटिश कोलंबिया विश्वविद्यालय से परास्नातक—भू-विज्ञान (मास्टर्स इन जियोलॉजी) की उपाधि हासिल करने के बाद फ्रैंक जॉबिन स्वतंत्र खनन प्रौद्योगिकी सलाहकार (माइनिंग टेक्नोलॉजी कंसल्टेंट) के रूप में विभिन्न कंपनियों को अपनी सेवाएँ दे रहा था। उस शाम वह इस सवाल से जूझ रहा था कि आखिरकार उस क्षेत्र में ऐसा क्या था कि वहाँ पर गीगर काउंटर रहस्यमय ढंग से आवाज निकालने लगती थी? चूँकि इस इलाके में तमाम कंपनियाँ मत्था मार चुकी थीं और किसी के पल्ले कुछ भी नहीं पड़ा था, इसलिए जॉबिन के सामने इस रहस्य से परदा हटाने की यह बड़ी चुनौती थी। अधिकांश खनन कंपनियों के भूगर्भशास्त्रियों ने यही अनुमान लगाया था कि उस क्षेत्र में यूरेनियम की बजाय थोरियम की मात्रा अधिक थी और उससे होनेवाले विकिरण के कारण ही गीगर काउंटर कटकटाता था। चूँकि तब बाजार में थोरियम की कोई माँग नहीं थी, अत: उसके खनन का कोई मतलब नहीं निकलता था। इन जाँच-परिणामों से उपजे सिद्धांत से जॉबिन भी बहुत हद तक सहमत था; लेकिन एक दिन जब उसने यूरेनियम धारण करनेवाली उस भूमि के बारे में अध्ययन करना शुरू किया था, जिसमें गंधक (सल्फर) भी मौजूद हो तो उसके दिमाग में एक नया विचार कौंधा था। फिर उसने पुराने अयस्क नमूनों में थोरियम की ही जाँच की थी तो पता चला था कि वह तो उसमें था ही नहीं। अब जॉबिन निश्चित हो गया था कि वर्षा, बर्फ एवं उस क्षेत्र की धरती में मौजूद गंधक ने भूतल की विकिरणशीलता (रेडियोएक्टिविटी) को घोलकर बहा दिया था और भूतल के नीचे भारी मात्रा में मौजूद यूरेनियम अयस्क पिंड (और बॉडी) के कारण ही गीगर काउंटर से आवाज़ निकलती थी। इस खोज को लेकर जॉबिन विभिन्न खनन कंपनियों के मालिकों के पास गया था और उनसे 'डायमंड ड्रिल' परीक्षण का आग्रह किया था, लेकिन सभी खान मालिकों को जॉबिन की बात पर भरोसा कर

जोखिम उठाना मूर्खतापूर्ण ही लगा था।

उसके बाद वर्ष 1952 की शुरुआत में जॉबिन अपने खोज-सिद्धांत के साथ हिर्शहॉर्न के पास गया था। जॉबिन को सुखद आश्चर्य हुआ था कि हिर्शहॉर्न को भूगर्भ-विज्ञान की अच्छी-खासी समझ थी और उसने उसकी खोज पर भरोसा किया था। जी हाँ, हिर्शहॉर्न को व्यक्ति की अद्‌भुत परख थी और जब उसे किसी पर भरोसा हो जाता था तो फिर वह पलटकर नहीं देखता था। 6 अप्रैल, 1953 को डायमंड ड्रिलिंग शुरू हुई थी। हिर्शहॉर्न ने इस परियोजना में 30 हजार डॉलर का पूँजी निवेश किया था। जॉबिन की मानक व्यवस्था थी कि वह हर परियोजना में 10 प्रतिशत का हिस्सा लेता था, लेकिन हिर्शहॉर्न के साथ यह सौदा जॉबिन को करोड़पति बनानेवाला साबित हुआ था। प्रमुख अयस्क नमूनों को परीक्षण के लिए वैंकूवर भेजा गया था। मई में शनिवार की एक सुबह बड़ा लिफाफा जॉबीन की मेज पर वापस आया था, जिसमें 56 अयस्क नमूनों के नतीजे थे और 50 नमूनों में यूरेनियम पाए गए थे। जी हाँ, जॉबिन ने इस उपलब्धि को 'हिर्शहॉर्न का सौभाग्य' ही माना था, जिसने उसे भी भाग्यशाली बना दिया था।

खैर, हिर्शहॉर्न का सौभाग्य बस, इतना ही था कि उसका दाँव बिल्कुल सफल हुआ था। यूरेनियम भंडार की इस खोज के कारोबारी कार्यान्वयन के लिए बहुत बड़े संगठन व विशेषज्ञता की जरूरत थी। हिर्शहॉर्न अभी भी प्रेस्टन ईस्ट डोम माइंस में सबसे बड़ा निजी शेयरधारक (10 प्रतिशत) था। उसने प्रेस्टन के अध्यक्ष विलियम बॉक के सामने नवगठित कंपनी 'पीच यूरेनियम' में 50:50 हिस्सेदारी का प्रस्ताव रखा था। यहाँ पर हिर्शहॉर्न शेयर बाजार के शातिर सट्‍टेबाज की तरह नहीं, बल्कि विशेषज्ञ निगम निदेशक की तरह बहुत बड़ी गुप्त वित्तीय सौदेबाजी सिरे चढ़ा रहा था। एक तरफ प्रेस्टन समूह और दूसरी तरफ अकेला हिर्शहॉर्न।

विशाल यूरेनियम भंडारवाला जो खनन क्षेत्र दाँव पर था, उसका परिचालन बहुत ही मुश्किल था। उस क्षेत्र में न केवल शिकारियों व सैलानियों का जमघट था, बल्कि वह प्रमुख राष्ट्रीय राजमार्ग व कनाडा प्रशांत रेल मार्ग

के नजदीक था। साफ है कि वहाँ पर खनन गतिविधियों को गुप्त रख पाने की बहुत बड़ी चुनौती थी। बिना किसी को पता चले वहाँ पर भारी संख्या में गीगर काउंटर, टेंट, स्लीपिंग बैग के अलावा टनों खाद्य सामग्रियाँ पहुँचाना था। गतिविधियों के मुख्य केंद्र से ध्यान हटाने के लिए हिर्शहॉर्न व उसके सहयोगियों ने समूचे ओंटोरियो में विभिन्न खनन क्षेत्रों के लाइसेंस खरीद लिये थे। विभिन्न रणनीतिक बिंदुओं पर अड्डे बनाए गए थे। दावा-दस्तावेजों के प्रारूप तैयार करने के लिए वकीलों की पूरी फौज नियुक्त की गई थी। विशाल खनन टीम ने 'जेड' आकार के 90 मील में फैले 56 हजार एकड़ के उस क्षेत्र के चप्पे-चप्पे को सिर्फ छह सप्ताह में साँप की तरह रेंग डाला था। जी हाँ, कनाडा की वित्तीय राजधानी—बे स्ट्रीट (टोरंटो) के महारथी दाँतों तले उँगली दबाए बैठे थे। हिर्शहॉर्न व उसके दोस्तों ने इतने गुप्त रूप से कनाडा के इतिहास के सबसे शानदार दावों में से एक पर अपना दाँव लगा दिया था।

रियो टिंटो समूह में विलय : जोसफ हरमन हिर्शहॉर्न की जीवन में कई चमत्कारिक इच्छाएँ पूरी हुई थीं और हर मामले में उसके सामने यह यक्ष प्रश्न खड़ा हो जाता था—जो चाहा, वह तो मिल गया, अब इसका क्या करें। इतने बड़े यूरेनियम भंडार पर कब्जा हो जाने के बाद अब एक बार फिर से उसके सामने वही सवाल खड़ा हो गया था। पिछले दो दशकों की सट्टेबाजी के दौरान वह कनाडा में तेल, गैस, अचल परिसंपत्ति (रियल एस्टेट), सोना, ताँबा व लोहे के खनन कारोबारों में शामिल रहा था; लेकिन ईश्वर उस पर इतनी बड़ी कृपा कर देगा, ऐसा हिर्शहॉर्न ने कभी न सोचा था। अब तक वह हर धंधे को पुराने कपड़े की तरह उतारता रहा था, लेकिन इस विशाल साम्राज्य के साथ ऐसा करना उसके लिए आसान नहीं था।

हर मुश्किल घड़ी में विशेषज्ञ सलाह लेना उसकी आदत-सी रही थी और इस बार भी उसने न्यूयॉर्क व वाशिंगटन के अपने मित्र कानूनी दिग्गजों की सेवा ली थी। कई प्रस्ताव आए, लेकिन वे सटीक नहीं थे। अंत में लंदन का रिओ टिंटो समूह (अब विश्व की सबसे बड़ी बहुराष्ट्रीय खनन कंपनी) खुद सामने आ गया। यह सौदा दोनों पक्षों के लिए सटीक था। रियो टिंटो

को कनाडा के खनन साम्राज्य पर एकाधिकार बनाए रखना था और हिर्शहॉर्न को अपनी विभिन्न शेयरधारिताओं (शेयर होल्डिंग्स) के लिए एक निगमित छाते (कॉरपोरेट अंब्रेला) की जरूरत थी। यह सौदा सोने पे सुहागा साबित हुआ था। हिर्शहॉर्न ने 'रिओ टिंटो माइनिंग कंपनी ऑफ कनाडा' में सबसे बड़ी 55 प्रतिशत हिस्सेदारी के बदले कनाडा की सभी 46 खनन कंपनियों में अपनी हिस्सेदारियों का त्याग कर दिया; हालाँकि उसे मतदान के अधिकार (वोटिंग राइट) नहीं मिले। जी हाँ, इस सौदेबाजी में काफी समय लगा था और ब्रुकलिन की झोंपड़पट्टी में पले-बढ़े हिर्शहॉर्न के लिए यह जीवन का सबसे सुनहरा मौका था, जब उसे लंदन आभिजात्य वित्तीय दिग्गजों के बीच बैठने का मौका मिला था। हिर्शहॉर्न ने इस ऐतिहासिक मौके पर अपनी ठसक का जमकर उपयोग किया था और खुद को कभी भी किसी से कम नजर नहीं आने दिया था।

अद्‌भुत कारोबारी कार्यशैली : जोसफ हरमन हिर्शहॉर्न ने अपने कारोबारी जीवन में किसी निश्चित पेशेवर शैली को नहीं अपनाया था। उसकी सरल कार्य-शैली यही थी कि वह किसी भी काम को पूरे उत्साह के साथ करता था और उसके हर काम में जन्मजात सट्टेबाज का जुनून झलकता था। 'फॉर्च्यून' पत्रिका के एक साक्षात्कार में हिर्शहॉर्न ने कहा था कि उसने अपने कारोबारी जीवन में जो भी जोखिम उठाए थे, उसके पीछे का मूल उद्‌देश्य था—अपने फैसले का परीक्षण करना, जिससे उसे कुछ कर गुजरने की प्रेरणा मिलती थी। उसने जीवन में धन को कोई विशेष महत्त्व नहीं दिया था, कम-से-कम 10 लाख डॉलर कमाने के बाद तो उसके लिए यह कोई मुद्‌दा ही नहीं था। वह कहा करता था कि इसकी (धन) कितनी जरूरत हो सकती है…कोई भी आदमी एक दिन में दो बार कमीज बदलने से ज्यादा और तीन बार खाना खाने के बाद धन का कर क्या सकता था?

हाँ, एक सट्टेबाज के रूप में उसने कुछ स्वयंसिद्ध उपदेश जरूर दिए थे, जिनका उसने अपने कारोबारी जीवन में अभ्यास किया था। पहला, वह कहा करता था, "मुझे यह न बताओ कि मैं कितना कमाऊँगा। मुझे यह बताओ कि

घाटा कितना होगा।'' दूसरी बात यह थी कि वह जुनूनी खोजी था। वह 'नहीं कुछ' में से 'कुछ' ढूँढ़ निकाल लाता था। औद्योगिक विनिर्माण (इंडस्ट्रियल मैन्युफैक्चरिंग) में उसकी कोई रुचि नहीं थी। हिर्शहॉर्न का कहना था कि विनिर्माण पूरी तरह प्रतिस्पर्धी प्रक्रिया है और उसमें कोई रचनात्मकता नहीं है। चौंकिए मत, उसके मन में वॉल स्ट्रीट के प्रति भी कोई विशेष सम्मान नहीं था। उसका मानना था कि वॉल स्ट्रीट परजीवी बनानेवाला कारोबारी मंच है, जहाँ कुछ भी रचनात्मक नहीं होता है। वह वॉल स्ट्रीट को 'हैरीमन' (ब्राउन ब्रदर्स हैरीमन एंड कंपनी/बी.बी.एच.) व 'हटिंगटन' (पी.डब्ल्यू. हटिंगटन एंड कंपनी, जो अब हटिंगटन बैंकशेयर्स इनकॉरपोरेशन) जैसे मुट्‌ठी भर निवेश साहूकारों (इन्वेस्टमेंट बैंकर) की कमाई के अड्‌डे से अधिक नहीं समझता था, जिन्होंने सचमुच उस मंच से अरबों कमाया था। वह कनाडा के शेयर बाजार को भी इससे अधिक कुछ भी नहीं समझता था, जहाँ कारोबार शुरू करने के लिए उस जमाने में 30 हजार डॉलर की जरूरत पड़ती थी। हाँ, वह इतना जरूर मानता था कि इन शेयर बाजारों के चलते बहुत बड़ी मात्रा में पूँजी इकट्‌ठा हुई, जिससे हजारों कंपनियों को पनपने का मौका मिला और रोजगार के लाखों अवसर पैदा हुए और अंततः बहुत बड़ी राष्ट्रीय संपत्तियों का निर्माण संभव हुआ।

कला-प्रेम व परोपकार : जब हिर्शहॉर्न ने पैसा बनाना शुरू किया था तो चित्र व मूर्ति कलाकृतियों का संग्रह करना शुरू कर दिया था। वर्ष 1961 से 1976 तक उसने ग्रीनविच (फेयरफील्ड काउंटी, कनेक्टिकट) स्थित 22 एकड़ में फैली आलीशान हवेली में निवास किया था। इस हवेली में उसने 19वीं व 20वीं शताब्दी के 6,000 से अधिक चित्रों व मूर्तियों का विशाल संग्रह बनाया था। उसने बहुत गंभीरता के साथ कला का अध्ययन किया था और अपने स्टूडियो में कला कारोबारियों, कला समीक्षकों, संग्रहाध्यक्षों (क्यूरेटर), यात्री कलाकारों को आमंत्रित किया करता था। शेयर बाजार में निवेश की तरह ही वह कलाकृतियों की खरीदारी के फैसले में भी बहुत कम समय लगाता था। वह कहा करता था, ''यदि आप अपना मन बनाने से पहले

किसी चित्रकला को एक दर्जन बार देखते हैं तो आप में या फिर उस चित्र में जरूर कुछ गड़बड़ है।'' जी हाँ, हिर्शहॉर्न ने वर्ष 1966 में 20 लाख डॉलर के साथ कलाकृतियों के विशाल संग्रह का अधिकांश अमेरिकी सरकार को दान कर दिया था, जिससे सन् 1974 में जोसफ एच. हिर्शहॉर्न म्यूजियम एंड स्कल्पचर गार्डन (वाशिंगटन डी.सी.) की स्थापना हुई थी। हिर्शहॉर्न ने अन्य 6,000 कलाकृतियों सहित 50 लाख डॉलर के धर्मादा की वसीयत की थी, जो सन् 1981 में उसकी मृत्यु के बाद उस संस्था को सौंप दी गई थी।

□

अध्याय 4

बर्नार्ड कॉर्नफील्ड : म्यूचुअल फंड से धनी बना वित्तीय अभियंता

शेयर बाजार में सट्टेबाजी के जरिए धनी बनने का जो रास्ता जोसफ हरमन हिर्शहॉर्न ने अपनाया था, वह बहुत ही जोखिम भरा है। यूँ कह सकते हैं कि हिर्शहॉर्न व उसके जैसे बिरले ही होते हैं, जो ऐसा कर पाने में सक्षम होते हैं। हिर्शहॉर्न की सफलता इस हकीकत को उलट नहीं सकती कि उसने अधिकतर बहुत ही खतरनाक ऊँचाई से अपने कारोबार को अंजाम दिया था। एक भी गलत कदम उसके महान् सौभाग्य को मटियामेट करने के लिए काफी था। हजारों शेयर कारोबारियों ने हिर्शहॉर्न के तरीके से कनाडा में सोना व यूरेनियम के शेयरों पर दाँव लगा सौभाग्यशाली बनने की कोशिशें की थीं, लेकिन उन्हें सफलता नहीं मिली। कई लोग बरबाद हो गए और अधिकांश खुद को जिंदगी भर कोसते रहे कि उन्होंने उस रास्ते पर चलने का दुर्भाग्यपूर्ण फैसला क्यों किया था।

अब हम इस अध्याय में एक ऐसे कारोबारी के बारे में चर्चा करने वाले हैं, जिसने शेयर बाजार में मोटी कमाई के लिए ज्यादा सुरक्षित 'विक्रय मार्ग' को चुना था। रोचक तथ्य यह है कि जोसफ हिर्शहॉर्न की तरह वह भी न्यूयॉर्क में शरणार्थियों के जमघटवाले इलाके ब्रुकलिन में ही पला-बढ़ा था। जी हाँ, उस शख्स का नाम है बर्नार्ड कॉर्नफील्ड, जिसने शेयरधारकों द्वारा वित्त-पोषित निवेश कार्यक्रम म्यूचुअल फंड को अपने सौभाग्य का कारोबारी हथियार

बनाया था। उसने सन् 1955 में 'इन्वेस्टर्स ओवरसीज सर्विसेज लिमिटेड (आई.ओ.एस.) की स्थापना की थी, जिसे संयुक्त राज्य अमेरिका के बाहर कनाडा में निगमित किया था और उसका मुख्यालय जिनेवा, स्विट्ज़रलैंड में था। 1960 के दशक में कंपनी के 25 हजार लोग समूचे यूरोप भर में घर-घर जाकर 18 विभिन्न प्रकार के म्यूचुअल फंडों को बेच रहे थे, लेकिन उसकी गतिविधियों का मुख्य केंद्र जर्मनी था। उसने अमेरिकी प्रवासियों व सैनिकों को अपना निशाना बनाया था, जो आयकर भुगतान से बचने के लिए विभिन्न योजनाओं में निवेश के लिए उत्सुक थे।

बर्नार्ड कॉर्नफील्ड ने अपने निवेश कार्यक्रमों को क्रांतिकारी 'पीपल्स कैपिटलिज्म' (लोक पूँजीवाद) संबोधित किया था और अपने समय में आई.ओ.एस. को सबसे प्रतिभाशाली वित्तीय सफलताओं में से माना जाता था। वर्ष 1970 से पहले आई.ओ.एस. ने छोटे निवेशकों से 2.5 अरब डॉलर से अधिक की निवेश पूँजी का आधार बना लिया था और उसकी व्यक्तिगत संपत्ति का वास्तविक मूल्य (नेट वर्थ) 10 करोड़ डॉलर के आस-पास था। यह सब तब हुआ था, जब शेयर बाजार में तेजड़िया कारोबारियों का बोलबाला था। अचानक मिली सफलता ने कॉर्नफील्ड को विलासी बना दिया था और खूबसूरत निवेश-तंत्र कुप्रबंधन व पूँजी बाजार की मंदी का शिकार बन गया। सन् 1973 में स्विस अधिकारियों ने उसे धोखाधड़ी के आरोप में गिरफ्तार कर लिया था और उसे ग्यारह महीने तक जेल की हवा भी खानी पड़ी थी; लेकिन सन् 1979 में न्यायालय ने उसे बरी कर दिया था। हालाँकि कॉर्नफील्ड अपनी सफलता को कायम रख पाने में सफल नहीं रहा था, लेकिन उसने 'म्यूचुअल फंड' के रूप में दुनिया भर के शेयर कारोबारियों को मोटी कमाई का ज्यादा सुरक्षित 'विक्रय मार्ग' जरूर दिखा दिया था।

ब्रुकलिन में शुरुआती संघर्ष : बर्नार्ड कॉर्नफील्ड का जन्म 17 अगस्त, 1927 को इस्तांबुल (तुर्की) में हुआ था। उसके माता-पिता मध्य यूरोप के यहूदी थे। उसका पिता रोमानियाई यहूदी अभिनेता और उसकी माँ रूसी यहूदी परिवार से थी। दोनों काफी पढ़े-लिखे थे, लेकिन उनकी आर्थिक स्थिति

अच्छी नहीं थी। जब बर्नार्ड चार साल का था और यूरोप में यहूदी-विरोध तेज हो गया था तो अन्य लाखों यहूदी शरणार्थियों की तरह उन्होंने भी ब्रुकलिन (न्यूयॉर्क) में शरण ली थी और अपनी जिंदगी को फिर से शुरू करने का संघर्ष शुरू किया था। दो वर्ष बाद ही उसके पिता की मृत्यु हो गई थी और उसकी माँ को घरेलू नौकरानी का काम करने के लिए मजबूर होना पड़ा था। ऐसे में, अपनी पढ़ाई को जारी रखने और माँ की आर्थिक सहायता के लिए कॉर्नफील्ड ने स्कूल में पढ़ाई करने के बाद फल की दुकान पर डिलीवरी ब्वॉय के रूप में घर-घर सामान पहुँचाने का काम करना शुरू किया था। तब वह एक सामान्य किशोर था और उसकी कोई महत्त्वाकांक्षा नहीं थी। हाई स्कूल की पढ़ाई पूरी करने के बाद उसने द्वितीय विश्वयुद्ध के दौरान यूनाइटेड स्टेट्स मर्चेंट मैरीन में अपनी सेवाएँ दी थीं और फिर ब्रुकलिन कॉलेज से मनोविज्ञान (साइकोलॉजी) में स्नातक की उपाधि हासिल की थी।

धन से नफरत व समाजवादी सपने : उस वक्त किसी ने भी, यहाँ तक कि खुद बर्नार्ड कॉर्नफील्ड ने भी यह नहीं सोचा था कि एक दिन वह करोड़पति भी बन सकता था। इसके उलट, कॉलेज के सहपाठी व दोस्त यही जानते थे कि कॉर्नफील्ड को धन से नफरत-सी थी। वह कॉलेज में 'विश्व सुधार' का सपना देखनेवाले समाजवादी छात्र दल में सक्रिय था। उस वक्त तक वह यह भी नहीं जानता था कि शेयर प्रमाण-पत्र कैसा होता था।

कॉलेज से बाहर निकलने के बाद उसने कई छोटी-मोटी नौकरियाँ की थीं और उसे कतई यह अनुमान नहीं था कि उसकी जिंदगी कौन सी करवट लेगी। कभी उसे लगता था कि हर समस्या का निदान धन ही था तो कभी उसे धन छलावा से ज्यादा कुछ समझ नहीं आता था। कॉलेज में पनपे अपने समाजवादी सपने को पूरा करने लिए उसने फिलाडेल्फिया के यहूदी सामाजिक-सांस्कृतिक संगठन में युवाओं के सलाहकार के रूप में काम करना शुरू किया था। उस जमाने में, विशेष रूप से शरणार्थी परिवारों में पले-बढ़े युवाओं में धन की जबरदस्त चाहत हुआ करती थी। वे पक्की नौकरियों के साथ-साथ ज्यादा धन कमाने के रास्ते खोजने में अपना मन लगाया करते थे।

सच्चाई यह थी कि उनके लिए समाज-सेवा कर पाना संभव भी नहीं था, क्योंकि उनके पास इस तरह के शौक को पूरा करने लिए न तो धन था और न ही पारिवारिक पृष्ठभूमि।

म्यूचुअल फंड का ब्रिक्री कर्मी : ऐसे में कॉर्नफील्ड की समाज-सेवा की सनक उसके अपने दोस्तों के बीच मुख्य चर्चा का विषय हुआ करती थी तो फिर, उसकी सोच में ऐसी कौन सी भावनात्मक व बौद्धिक जागरूकता आ गई थी कि वह अचानक धनी बनने की तरफ मुड़ गया था? खुद कॉर्नफील्ड ने भी इसके बारे में कोई तार्किक जवाब नहीं दिया था। यह एक रोचक तथ्य है कि व्यक्ति विशेष के जीवन में कायापलट की भी स्थिति आती है, जिससे उसकी पृष्ठभूमि, परिवेश या खुद उसके सोच का भी दूर-दूर तक कोई संबंध न हो।

सन् 1954 में ऐसा ही कुछ बर्नार्ड कॉर्नफील्ड के साथ भी हुआ था और वह बिना किसी तार्किक कारण के फिलाडेल्फिया से न्यूयॉर्क आ गया था और वहाँ पर म्यूचुअल फंड सेल्समैन की नौकरी करने लगा था। चूँकि यह नौकरी आसानी से उपलब्ध थी, निश्चित रूप से यही एक कारण रहा होगा कि उसने यह अवसर चुना होगा। मनोविज्ञान के स्नातक व समाज-सेवा के अनुभववाले को ज्यादा धन कमाने के लिए भला और कौन सी नौकरी मिल सकती थी! यह वह समय था, जब द्वितीय विश्वयुद्ध के बाद पूँजी बाजार में तेजड़ियों की पकड़ मजबूत होने लगी थी और आम निवेशक ज्यादा लाभ की चाहत में नवाचारी निवेश कार्यक्रमों में धन लगाने के लिए उतावले हो रहे थे। ऐसे में, जो कोई भी अंग्रेजी बोल सकता था और मुसकराकर ग्राहकों को रोक सकता था, उसे म्यूचुअल फंड कंपनियाँ सेल्समैन की नौकरी दे देती थीं, तो पेशेवर जीवन के बिना किसी दूरगामी सोच के ही बर्नार्ड कॉर्नफील्ड ऐसे धंधे में आ गया था, जो उसे मालामाल कर देने वाला था।

जैसा कि 'म्यूचुअल फंड' शब्दावली से बहुत साफ है कि इस वित्तीय कारोबार में विभिन्न अंशभागियों (शेयरहोल्डर्स) से एकत्रित की गई निधि को आमतौर पर शेयरों में निवेश किया जाता है और फलित लाभ को अंशभागियों में बाँट दिया जाता है। ऐसे में, जिस म्यूचुअल फंड का निवेश बेहतर होता है,

उसके अच्छे नतीजे मिलते हैं तो उसमें ज्यादा अंशभागियों द्वारा निवेश किया जाता है। एकत्रित निधि का आकार भी लगातार बड़ा होता जाता है और फिर आयोजक कंपनी को सेल्समैन कमीशन, प्रशासनिक शुल्क (एडमिनिस्ट्रेटिव चार्जेज), निष्पादन शुल्क (परफॉरमेंस चार्ज) आदि के रूप में मोटी कमाई करने का मौका मिलता है।

साफ है कि म्यूचुअल फंड कंपनियों के निशाने पर आम निवेशक ही होते हैं, जिनमें स्वयं शेयर कारोबारी बनने की न तो आर्थिक क्षमता होती है और न ही जरूरी कुशलता। ऐसे में, म्यूचुअल फंड के आयोजक खुद को उनके सामने शेयर विशेषज्ञ के रूप में पेश करते हैं और उनके निवेश के बदले बेहतर लाभांश की योजनाएँ प्रस्तुत करते हैं तो निवेशकों को फुसलाने के लिए म्यूचुअल फंड के सेल्समैनों द्वारा आमतौर पर दो बातें कही जाती हैं। पहला यह कि फंड की हिस्सेदारी खरीदकर छोटा निवेशक भी अधिक विविधतापूर्ण शेयरों का अंशभागी यानी स्वामी बन सकता है, जो उसके व्यक्तिगत तौर पर संभव नहीं हो सकता। सेल्समैनों का दूसरा तर्क यह होता है कि अंशभागी के रूप में वह छोटा निवेशक भी प्रोफेशनल फंड मैनेजमेंट का लाभ उठा सकता है।

इस धंधे का सबसे रोचक पहलू यह है कि शेयर बाजार में बिना कुछ किए लाभ कमाने के आकर्षण व उत्साह में आम निवेशक आमतौर पर इस तथ्य का आकलन ही कर पाते हैं कि म्यूचुअल फंड में अंशभागी बनने की असल लागत (एक्चुअल कॉस्ट) क्या बैठेगी? आमतौर पर म्यूचुअल फंड कंपनियाँ विभिन्न शुल्कों के रूप में आम निवेशकों की पूँजी का 10 प्रतिशत से अधिक शुरू में ही खा जाती हैं। मतलब, यदि कोई निवेशक 1,000 डॉलर का निवेश करता है तो उसका 100 डॉलर गायब हो जाता है और वह 900 डॉलर मूल्य के शेयरों का ही अंशभागी बचा रह पाता है। साफ है कि जब तक उक्त म्यूचुअल फंड का बाजार मूल्य 10 प्रतिशत से ऊपर नहीं जाएगा, तब तक अंशभागी को असल में लाभ कमाने का मौका ही नहीं मिलेगा। इतना ही नहीं, जब सेल्समैन द्वारा अनुबंधीय योजना (कॉण्ट्रेक्चुअल प्लान) बेची

जाती हैं तो कंपनियाँ आम निवेशकों के निवेश की कुल अवधि का सारा शुल्क पहले साल में ही डकार जाती हैं। और फिर, सेल्समैन यह भी बताता है कि निवेशक जब चाहे अपना फंड बेचकर बाहर जा सकता है; लेकिन वह यह नहीं बताता है कि ऐसी स्थिति में निवेशक को उसका निवेश पूँजी 50-75 प्रतिशत ही मिल सकेगा, लाभ की तो बात ही बहुत दूर है।

ऐसे भी भाग्यशाली निवेशक हैं, जिन्हें विशेष रूप से तेजी के दौर में म्यूचुअल से अच्छी कमाई का भी मौका मिलता है। असल में, कंपनियों की अपनी कमाई करने के बाद अंशभागियों को भी लाभ दे पाने का अवसर आता है तो वे वैसा होने भी देती हैं, क्योंकि वह जबरदस्त विज्ञापन का काम करता है और सेल्समैन को नए ग्राहकों को पटाने में ज्यादा सहूलियत होती है। इस तरह, तेजी हो या मंदी, म्यूचुअल फंड कंपनी व सेल्समैन हमेशा लाभ कमाने में सफल ही रहता है; लेकिन निवेशकों का सबकुछ संयोग के ऊपर निर्भर करता है। खैर, अब तो प्रतिभूति विनिमय आयोगों ने म्यूचुअल फंड कारोबार को बहुत हद तक विनियमित कर दिया है; लेकिन 1950 के दशक में, जब बर्नार्ड कॉर्नफील्ड को उसके कारोबारी गुरु ने इस कारोबार से परिचित करवाया था, तब यह शेयर बाजार पैसा बटोरने का 100 प्रतिशत सुनिश्चित कारोबार माना जाता था। उसे तो यही समझाया गया था कि इससे कोई फर्क नहीं पड़ता कि निवेशक का धन डूब गया या उसे कमाई हुई सेल्समैन की कमाई तो तभी हो जाती है, जब वह नए ग्राहक को पटाने में सफल हो जाता है। वह तेजी का ऐसा दौर था, जब अधिकांश लोग यह मान चुके थे कि अब तो शेयर बाजार में कभी गिरावट आएगी ही नहीं; और कॉर्नफील्ड जैसे सेल्समैन को ग्राहकों को पटाने में कोई ज्यादा मेहनत करने की जरूरत नहीं पड़ती थी। यूँ कहें कि ग्राहक सेल्समैन की झोली में गिरने को तैयार बैठे थे; बस, उन्हें उन तक पहुँच पाने में देर होती थी।

कॉर्नफील्ड ने न्यूयॉर्क में जिस म्यूचुअल फंड कंपनी के साथ काम करना शुरू किया था, उसका नाम था—इन्वेस्टर प्लानिंग कॉरपोरेशन (आई. पी.सी.), जिसे बाद में खुद उसी ने अधिगृहीत कर लिया था। कॉर्नफील्ड

कोई बहुत प्रतिभाशाली सेल्समैन नहीं था, लेकिन इतना सुयोग्य जरूर था कि जल्द ही इतनी कमाई करने लगा था कि वह कार खरीदने, मैनहट्टन में घर लेने और अनेक महिला मित्रों के साथ रँगरेलियाँ कर पाने में सक्षम हो गया था। कुल मिलाकर, कॉर्नफील्ड ने बिक्री कर्म में अपना जी-जान नहीं झोंका था, क्योंकि उसे आसानी से अच्छी कमाई हो रही थी और वह ज्यादा कमाई के गुर सीखने की कोशिशों में जुटा हुआ था। वह ज्यों-ज्यों म्यूचुअल फंड कारोबार में गहरे उतरता गया था, उसके सामने राज खुलते चले गए थे। उस कारोबार में सुपरवाइजरी सेल्समैन होता था, जो अपने मातहत सेल्समैन की कमाई में से हिस्सा लेता था। उसके ऊपर जिला व राष्ट्रीय स्तर के कार्यकारी पर्यवेक्षी सेल्समैन की कमाई में अपना-अपना हिस्सा लेते थे; लेकिन सबसे बड़ी कमाई सबसे ऊपर बैठे उन कारोबारियों को मिलती थी, जो निधि संगठक (फंड ऑर्गेनाइजर) थे। इस तरह, कॉर्नफील्ड बिक्री कर्म करते हुए अपना अधिकांश समय म्यूचुअल फंड की वित्तीय अभियांत्रिकी (फाइनेंशियल इंजीनियरिंग) के प्रशिक्षण में लगा रहा था।

अमेरिकी प्रवासी बाजार पर नजर : धंधे की गहराई में पहुँचने पर कॉर्नफील्ड ने जल्द ही भाँप लिया था कि वह विश्व के सबसे बड़े पूँजी बाजार वॉल स्ट्रीट (न्यूयॉर्क) के अनोखे धंधे में प्रवेश जरूर पा गया था, लेकिन इस बाजार में उसके लिए म्यूचुअल फंड का आयोजक बनकर बड़ी कमाई कर पाना संभव नहीं था, क्योंकि यहाँ पर पहले से ही बड़े-बड़े दिग्गज बैठे हुए थे और उनके बीच जबरदस्त प्रतिस्पर्धा शुरू हो चुकी थी। इस उधेड़बुन में कॉर्नफील्ड ने अमेरिका से बाहर अन्य देशों में संभावनाएँ खोजनी शुरू कर दी थीं। मर्चेंट मरीन में काम करते हुए उसने जो थोड़ी-बहुत दुनिया देखी थी, वह उसके मन में विदेशी बाजारों में कारोबार करने के सपने को जगाने के लिए काफी था। इसीलिए वर्ष 1955 के अंत में कॉर्नफील्ड ने यूरोपीय बाजारों में संभावना तलाशने के इरादे से पेरिस की यात्रा की थी। वैसे तो उसकी कंपनी आई.पी.सी. ने उसे उन बाजारों में फंड बेचने की अनुमति दे दी थी, लेकिन सारे खर्च उसे खुद ही उठाने पड़े थे।

जल्द ही कॉर्नफील्ड को समझ में आ गया था कि यूरोपीय बाजारों में म्यूचुअल फंड की भारी संभावना है। लेकिन यह वह समय था, जब अधिकांश यूरोपीय देशों ने विदेशों में, विशेष रूप से अमेरिका में, पूँजी-प्रवाह को लगभग प्रतिबंधित-सा कर रखा था। ऐसे में कोर्नफील्ड की नजर वहाँ के अमेरिकी प्रवासियों के विशाल बाजार पर टिक गई थी। द्वितीय विश्वयुद्ध के दौरान तैनात किए अमेरिकी सैनिकों, कूटनीतिकों (डिप्लोमेट्स) सहित कारोबारियों का बड़ा अमेरिकी समुदाय अपने परिवारों के साथ यूरोपीय देशों में बसा हुआ था। हालाँकि, वे वेतन तो अमेरिकी सरकार से ले रहे थे, लेकिन उनका धन यूरोपीय अर्थव्यवस्था का हिस्सा था। अधिकांश अमेरिकी प्रवासियों के पास मोटी बचत पूँजी थी। उन्हें भी वॉल स्ट्रीट में होनेवाली 'दिन दूनी रात चौगुनी' कमाई की खबर थी, लेकिन उनके पास यूरोपीय अर्थव्यवस्था से धन निकालने और अमेरिकी पूँजी बाजार में लगाने का कोई आसान विकल्प उपलब्ध नहीं था। ऐसे में कॉर्नफील्ड ने जब आई.पी.सी. शेयर में निवेश का विकल्प प्रस्तुत किया था तो उसे अमेरिकी प्रवासियों का अच्छा समर्थन मिला था और यह साबित हो गया था कि यूरोप में म्यूचुअल फंड का बहुत बड़ा बाजार मौजूद था।

इन्वेस्टर ओवरसीज सर्विस (आई.ओ.एस.) : अब कॉर्नफील्ड को सोने का खजाना दिख गया था और वह उसकी खुदाई में जुट गया था। उस समय वॉल स्ट्रीट में जॉन 'जैक' ड्रेफस द्वारा स्थापित म्यूचुअल फंड 'ड्रेफस फंड' की काफी धूम मची हुई थी और बर्नार्ड कॉर्नफील्ड को वह यूरोपीय बाजार के लिए ज्यादा आकर्षक वित्तीय उत्पाद नजर आया था। अब तक 'ड्रेफस फंड' ने यूरोपीय बाजारों के लिए किसी को प्रतिनिधि नहीं नियुक्त किया था। ऐसे में, कॉर्नफील्ड ने जैक ड्रेफस के सामने उस विशाल बाजार की संभावनाओं के रसीले आँकड़े प्रस्तुत किए थे और खुद को महज दलाली राशि पर यूरोप का प्रतिनिधि नियुक्त करने का प्रस्ताव रखा था। चूँकि जैक ड्रेफस को बिना किसी लागत के कमाई का मौका मिल रहा था, इसलिए वह कॉर्नफील्ड को 'हाँ' के अलावा और कुछ कह भी नहीं सकता था; लेकिन तब ड्रेफस ने कभी भी यह नहीं सोचा था कि उसके कंधे पर सवारी कर कॉर्नफील्ड खुद

को क्रांतिकारी वित्तीय अभियंता के रूप प्रस्तुत करने जा रहा था। सच्चाई यह भी है कि स्वयं कॉर्नफील्ड को भी यह पता नहीं था कि वह ऐतिहासिक सफलता की ओर कदम बढ़ा रहा था।

शुरू-शुरू में कॉर्नफील्ड ने अकेले ही 'ड्रेफस फंड' बेचने की कोशिश की थी, लेकिन जल्द ही उसने सेल्समैनों की छोटी-सी टीम बना ली थी। वह अपनी कार में उस टीम को सवार कर मुख्य नगर केंद्रों से दूर अमेरिकी वायु सेना अड्डों के पास के स्थानीय होटल में रुकता था। वह शुरू 'वर्क हार्ड, पार्टी हार्डर' (कड़ी मेहनत और उससे भी अधिक जश्न) के बिक्री दर्शन (सेल्स फिलॉसफी) में भरोसा करता था। इसीलिए दिन भर सैनिकों को ड्रेफस फंड बेचने के बाद जब वह होटल में लौटता था तो अपने बिक्री दल के साथ देर रात तक स्थानीय शराब व सुंदरियों का जमकर लुत्फ उठाता था। जल्द ही उसने अपने घुमंतू सेल्समैनों की इतनी बड़ी फौज बना ली थी और दलाली-राशि से इतनी कमाई होने लगी थी कि उसे निजी तौर पर म्यूचुअल फंड बेचने की जरूरत नहीं थी। अब कॉर्नफील्ड ने पेरिस में संयोजन कार्यालय स्थापित किया था और अपना सारा ध्यान नए सेल्समैनों की भरती और विभिन्न बाजार क्षेत्रों में विक्रेता-संजाल (डीलर नेटवर्क) के विकास पर केंद्रित कर लिया था। उसका कारोबार इतनी तेजी से फैल रहा था, लेकिन जल्द ही फ्रांस सरकार ने यह कहकर कि वह अवैध तरीके से फ्रांस के नागरिकों को म्यूचुअल फंड बेच रहा था, उसे धमकाना व परेशान करना शुरू कर दिया। ऐसे में कॉर्नफील्ड ने अपने कारोबार को स्विट्जरलैंड में स्थानांतरित कर लिया था।

1950 के दशक के अंत तक कॉर्नफील्ड की कंपनी आई.ओ.एस. के पास लगभग 100 घुमंतू बिक्रीकर्मियों की फौज तैयार हो गई थी। उन लोगों ने न केवल यूरोप में, बल्कि धनी अमेरिकी सैनिकों के जमावड़ेवाले अफ्रीका, भारत व दक्षिण अमेरिका आदि देशों में भी म्यूचुअल फंड बेचने शुरू कर दिए थे। जल्द ही बिक्री कर्मियों का संजाल इतना बड़ा हो गया था कि अकेले बर्नार्ड कॉर्नफील्ड के लिए उनकी गतिविधियों को नियंत्रित कर

पाना मुश्किल होने लगा था। ऐसे में, उसने अपने नीचे पदानुक्रम का मध्यवर्ती स्तर बनाना शुरू कर दिया था। उसने कई पुराने बिक्रीकर्मियों को पर्यवेक्षक (सुपरवाइजर) बना दिया था और उन्हें अपने क्षेत्र के लिए बिक्रीकर्मियों की भरती व प्रशिक्षण के स्वतंत्र अधिकार के अलावा मातहत बिक्रीकर्मियों की दलाली राशि में एक निश्चित हिस्सा लेने का हकदार बना दिया था। जल्द ही उन पर्यवेक्षकों ने अलग-अलग क्षेत्रों में बिक्रीकर्मियों की इतनी बड़ी फौज बना डाली थी कि उन्हें अपने नीचे उप-पर्यवेक्षकों (सब-सुपरवाइजर) को भी नियुक्त करना पड़ा था। साफ है कि म्यूचुअल फंड खरीदकर शेयर बाजार में मोटी कमाई की आशा में निवेश करनेवाले हर निवेशक की गाढ़ी पूँजी का एक हिस्सा आई.ओ.एस. के हर स्तर पर बँटने लगा था, जिसका सबसे बड़ा हिस्सा बर्नार्ड कॉर्नफील्ड के खाते में जाता था। इस तरह, बिना कोई बड़ी पूँजी लगाए ही 33 वर्ष की उम्र में कॉर्नफील्ड खुद को करोड़पति बनाने में सफल हो गया था और अब वह म्यूचुअल फंड कारोबार में कमाई के सबसे ऊँचे आयोजक स्तर पर पहुँचने की कोशिशों में जुट गया था।

इंटरनेशनल इन्वेस्टमेंट ट्रस्ट (आई.आई.टी.) : पूँजी बाजार के उस कालखंड में म्यूचुअल फंड का आयोजन बहुत ही आसान था। हाँ, अमेरिका, स्विट्जरलैंड या उन देशों में इसका आयोजन जरूर कुछ मुश्किल था, जहाँ निवेशकों की सुरक्षा के लिए विधिवत् कानून बन चुके थे; लेकिन तब विश्व में कई ऐसे देश भी थे, जहाँ इस प्रकार की सख्ती नहीं थी। ऐसे में, यदि कोई म्यूचुअल फंड बेचना चाहता था तो उसे विवरण-पुस्तिका (प्रॉस्पेक्टस) में प्रकाशित करने के लिए डाक पता (मेलिंग एड्रेस), कुछ प्रमुख बैंकों व निदेशकों के नाम की जरूरत पड़ती थी। हाँ, विवरण-पुस्तिका व शेयर प्रमाण-पत्र को आकर्षक बनाने के लिए किसी महँगे मुद्रणालय (प्रिंटिंग प्रेस) की जरूरत पड़ती थी। बस, उसके बाद म्यूचुअल फंड की बिक्री शुरू। इस तरह कॉर्नफील्ड ने अपने पहले म्यूचुअल फंड—इंटरनेशनल इन्वेस्टमेंट ट्रस्ट (आई.आई.टी.) को लक्जमबर्ग में स्थापित जरूर किया था, लेकिन उसका डाक पता व असल परिचालन मुख्यालय आई.ओ.एस. के साथ-साथ जिनेवा

(स्विट्जरलैंड) में रखा था।

इस तरह, कॉर्नफील्ड के अनुभवी, आक्रामक व बिक्रीकर्मियों के लिए संभावित निवेशकों के सामने आई.आई.टी. को स्विट्जरलैंड-आधारित विशाल व बेहद मजबूत म्यूचुअल फंड साबित कर बेचना ज्यादा मुश्किल काम नहीं था। तेजी के उस दौर में आई.आई.टी. को एक मोहक वित्तीय उत्पाद के रूप में प्रस्तुत किया गया था, जो निवेशकों को जादुई नतीजे देने का भरोसा दिलाता था। नतीजा आकर्षक था—शुभारंभ के पहले 12 महीनों में आई.आई. टी. म्यूचुअल फंड का निवेश-आधार 35 लाख डॉलर के स्तर पर पहुँच गया और तब तक बड़ा होता रहा, जब तक कि वह 75 लाख डॉलर के स्तर पर नहीं पहुँच गया था।

अब तक बर्नार्ड कॉर्नफील्ड विश्व पूँजी बाजार का एक क्रांतिकारी नाम बन चुका था और विभिन्न देशों द्वारा सिर्फ अमेरिकी नागरिकों को फंड बेचने के प्रतिबंधों से उकता चुका था। अब उसने इन प्रतिबंधों से मुक्ति की ठानी थी। वह बारी-बारी से सभी देशों में मौद्रिक प्राधिकारियों (मोनेटरी अथॉरिटीज) के समक्ष प्रस्तुत हुआ था और वादा किया था कि यदि वे अपने नागरिकों को फंड बेचने का प्रतिबंध हटाते हैं तो वह कमाई का एक हिस्सा उसी के देश के शेयरों में ही निवेश करेगा। इस तरह, एक दूसरे देश ने अपने प्रतिबंध हटा लिये थे और फिर कॉर्नफील्ड के बिर्कीकर्मी खुलकर आई.आई. टी. फंड बेचने लगे थे। अब बर्नार्ड कॉर्नफील्ड दलाली का हिस्सा नहीं लेता था, बल्कि फंड आयोजक होने के नाते उसकी कंपनी खाते में प्रशासनिक शुल्क (एडमिनिस्ट्रेटिव चार्जेज), निष्पादन शुल्क (परफॉरमेंस चार्ज) आदि के रूप में मोटी रकम आने लगी थी और वह म्यूचुअल फंड के व्यवसाय में शीर्ष पर पहुँच गया था।

फंड ऑफ फंड्स (एफ.ओ.एफ.) : सन् 1962 में बर्नार्ड कॉर्नफील्ड ने अपनी मूल कंपनी आई.ओ.एस. की सहायक कंपनी के रूप में कनाडा में 'फंड ऑफ फंड्स' (एफ.ओ.एफ.) की स्थापना की थी, जो अन्य म्यूचुअल फंड के शेयरों में निवेश करता था। स्वाभाविक ही सवाल उठता है कि

कॉर्नफील्ड ने इसकी स्थापना कनाडा में ही क्यों की थी? इसलिए कि कनाडा का प्रतिभूति अधिनियम (सिक्योरिटीज़ लॉ) इस तरह के उद्यम को वैधानिक मान्यता प्रदान करता था, जबकि अमेरिकी कानून विशेष रूप से म्यूचुअल फंड जैसी किसी भी सार्वजनिक स्वामित्व निवेश कंपनी (पब्लिकली ओंड इन्वेस्टमेंट कंपनी) को किसी अन्य ऐसी ही निवेश कंपनी की एक छोटी सीमा से अधिक स्वामित्व की अनुमति नहीं देता था। असल में, अमेरिका में यह कानून वर्ष 1929 जैसी महामंदी में धकेलनेवाली शृंखलाबद्ध प्रतिक्रिया (चेन रिएक्शन) पैदा करनेवाली वित्तीय योजना को रोकने के लिए बनाया गया था; लेकिन अंतरराष्ट्रीय बाजार से अमेरिकी म्यूचुअल फंड कंपनियों के शेयरों की खरीदारी पर अमेरिकी कानून का कोई नियंत्रण नहीं था। इसलिए कॉर्नफील्ड ने मोटी कमाई के अपने उद्देश्य को पूरा करने के लिए यह तरीका अपनाया था और एफ.ओ.एफ. के माध्यम से वॉल स्ट्रीट के उन म्यूचुअल फंड्स में निवेश किया था, जो विश्व बाजार के निवेशकों के बीच बेहद लोकप्रिय व प्रतिष्ठित थे।

साफ है कि इसके माध्यम से कॉर्नफील्ड और उसके निकटतम साथियों की कमाई लगातार बढ़ रही थी, लेकिन उनकी कमाई की भूख भी लगातार बढ़ती चली गई थी। वे लोग हर समय और ज्यादा कमाई के तरीके खोजने के लिए माथापच्ची करते रहते थे। ऐसे में उनके दिमाग में एक और रोचक विचार आया था—यदि आई.ओ.एस. और ज्यादा म्यूचुअल फंड्स की स्थापना करे और फिर एफ.ओ.एफ. के माध्यम से उनके शेयर खरीदे तो प्रशासनिक शुल्क, निष्पादन शुल्क आदि के रूप में दोहरी कमाई हो सकती है। पहला, म्यूचुअल फंड में और दूसरा एफ.ओ.एफ. में।

इतना ही नहीं, अमेरिकी कानून की एक और पेचीदगी ने बर्नार्ड कॉर्नफील्ड को कमाई का ज्यादा बड़ा अवसर प्रदान कर दिया था। रोचक तथ्य यह है कि उस समय अमेरिकी कानून केवल सार्वजनिक स्वामित्व निवेश कंपनियों (जिनके शेयर सार्वजनिक रूप से आम निवेशकों को बेचे जाते हैं) की बहुपरती पारस्परिक निधियों (मल्टीलेयर्ड म्यूचुअल फंड्स) के

विरोध में था, न कि निजी स्वामित्व कंपनियों (प्राइवेटली ओंड कंपनी) के अर्थात् यदि कॉर्नफील्ड की मूल कंपनी आई.ओ.एस. केवल एक अंशभागी (शेयर होल्डर) के साथ कोई म्यूचुअल फंड स्थापित करती, जैसा कि उसने एफ.ओ.एफ. को स्थापित किया था, तो वह निजी स्वामित्व कंपनी की परिभाषा को पूरा करती थी और ऐसी निजी स्वामित्व कंपनी के म्यूचुअल फंड बिना किसी कानूनी हस्तक्षेप के अमेरिका में अपना परिचालन कर सकती थी। जी हाँ, कॉर्नफील्ड की जिस मूल कंपनी आई.ओ.एस. को लंबे समय से अमेरिका में सीधे तौर पर परिचालन के लिए रोका जा रहा था, उसी द्वारा स्थापित म्यूचुअल फंड—एफ.ओ.एफ. इस कानूनी पेंच का फायदा उठाकर बाकायदा वॉल स्ट्रीट में अपनी दुकान सजा सकती थी और बिना रोक-टोक के समूचे देश में कारोबार कर सकती थी।

कॉर्नफील्ड ने इस अवसर का जमकर फायदा उठाया था और एक के बाद दूसरे कई म्यूचुअल फंड्स अमेरिकी बाजार में उतारे थे। उन फंड्स के माध्यम से कॉर्नफील्ड ने ब्लू चिप कंपनियों में तो निवेश किया ही था, बल्कि उसने भारी मात्रा में उन कंपनियों के भी शेयर खरीदे थे, जिनमें रोंगटे खड़े कर देनेवाली सट्टेबाजी हो रही थी। इतना ही नहीं, कॉर्नफील्ड ने उस अचल संपत्ति (रियल एस्टेट) में भी जमकर निवेश किया था, जिस बाजार क्षेत्र में निवेश के लिए अमेरिकी कानून ने सार्वजनिक स्वामित्व कंपनियों पर कई भारी प्रतिबंध लगा रखे थे। कॉर्नफील्ड ने धीरे-धीरे एफ.ओ.एफ. को 'सुपर फंड' में बदल दिया था, जो उसके द्वारा ही स्थापित सहायक (म्यूचुअल फंड) कंपनियों में निवेश कर परोक्ष रूप से उनकी होल्डिंग कंपनी जैसी बन गई थी। जी हाँ, यह वित्तीय साम्राज्य इतना जटिल था कि दिग्गज विशेषज्ञों के लिए एक से दूसरा मिल पाना लगभग असंभव हो गया था। विश्व पूँजी बाजार में बर्नार्ड कॉर्नफील्ड अद्‌भुत वित्तीय अभियांत्रिकी प्रतिभा का स्वामी बनकर उभरने लगा था।

विलासितापूर्ण जीवन-शैली का अंत : आप्रवासियों की बस्ती ब्रुकलिन से पला-बढ़ा और समाज-सेवा करनेवाला बर्नार्ड कॉर्नफील्ड 1960 के दशक

के मध्य तक अपनी रोचक विलासितापूर्ण जीवन-शैली के लिए कुख्यात व्यक्तित्व के रूप में भी समाचार-पत्रों की सुर्खियाँ बटोरने लगा था। अब वह मिनी स्कर्टवाली सुंदरियों की बड़ी फौज के साथ यात्राएँ करने लगा था और जहाँ कहीं भी पहुँचता था, वहाँ प्रेस फोटोग्राफरर्स का हुजूम उसे घेर लेता था। वह ऐसे विशाल रंगीन जश्नों के आयोजन भी करने लगा था, जिन्हें प्रमुख अखबार व पत्रिकाएँ प्रमुख घटना के रूप में महत्त्व देने लगी थीं। उन जश्नों में देर रात तक शराब व सुंदरियों का नंगा नाच होता था, जो कॉर्नफील्ड की प्रतिभाशाली सार्वजनिक छवि को धूमिल करने के लिए काफी था।

जी हाँ, आर्थिक सफलता के शीर्ष पर कॉर्नफील्ड के स्वामित्व में फ्रांस में 12वीं सदी के महल, जिनेवा झील पर स्थित महारानी जोसेफिन का ग्रीष्मकालीन निवास (समर हाउस), बेल्ग्रेविया (पश्चिमी लंदन) में 1 हल्किन स्ट्रीट पर आलीशान नगर निवास (टाउन हाउस), बेवर्ली हिल्स (कैलिफोर्निया) में 1,100 कैरोलिन मार्ग पर ऐतिहासिक 'ग्रेहॉल' हवेली, न्यूयॉर्क सिटी होटल में एक स्थायी सूइट के साथ-साथ निजी जेट विमानों का अपना बेड़ा भी शामिल था। वह यह बताने में कोई संकोच भी नहीं करता था कि उसके पास दुनिया भर में आलीशान कोठियाँ थीं और वह एक साथ कई लड़कियों के साथ रहता था। बाद में उसका अधिकांश समय बेवर्ली हिल्स (कैलिफोर्निया) में 'ग्रेहॉल' हवेली में फिल्मी हस्तियों के बीच बीतने लगा था। अमेरिकी अभिनेत्री विक्टोरिया प्रिंसिपल, अमेरिकी मॉडल एल्लेना हैमिल्टन स्टीवर्ट (प्रसिद्ध अमेरिकी अभिनेता जॉर्ज हैमिल्टन की पूर्व पत्नी, जिसने बाद में ब्रिटिश रॉक स्टार रॉड स्टीवर्ट से शादी रचा ली थी), यूरोपीय अभिनेत्री व आभूषण रचनाकार (ज्वैलरी डिजाइनर) राजकुमारी इरा वॉन फर्सटेनबर्ग सहित कई अन्य संभ्रांत महिलाओं के साथ कॉर्नफील्ड के गहरे प्रेम संबंध निजी चर्चाओं के रोचक विषय बने थे।

उसके निकटतम मित्रों में ब्रिटिश-अमेरिकी अभिनेत्री एलिजाबेथ टेलर, अमेरिकी गायिका-अभिनेत्री मिशेल फिलिप्स, अमेरिकी अभिनेता व फिल्म निर्माता वारेन बेट्टी, दक्षिण अफ्रीकी अभिनेता लॉरेंस हार्वे, पुरुष

मनोरंजन अमेरिकी पत्रिका 'प्लेब्वॉय' के बहुचर्चित उपाध्यक्ष विक्टर लॉवनेस, आयरलैंड के अभिनेता रिचर्ड हैरिस, अमेरिकी कार्टूनिस्ट अल्फ्रेड गेरॉल्ड कैपलिन (अल कप्प), अमेरिकी अभिनेता टोनी कर्टिस, अमेरिकी पटकथा लेखक-नाटककार हॉवर्ड सैकलर, ब्रिटिश टेली फिल्म निर्माता जॉन हेमैन और ब्रिटिश व्यवसायी साइमन रुबेन के नाम भी गिने जाते थे।

लेकिन 1960 के दशक के अंत में विलासी जीवन-शैली के कारण अपने वित्तीय साम्राज्य पर बर्नार्ड कॉर्नफील्ड की पकड़ ढीली पड़ने लगी थी। कुछ फंड्स कुप्रबंधन व अविवेकपूर्ण सट्टेबाजी के कारण असफल हो गए थे और समूह के सामने पहली बार लागत की समस्या खड़ी हो गई थी। इस समस्या से निपटने के लिए अंशधारकों पर कुछ अतिरिक्त शुल्क भी लगाए गए थे, जिससे बड़ी संख्या में निवेशक नाराज हुए थे। ऐसे में कार्यशील पूँजी इकट्ठा करने तथा बाजार में अपनी पुरानी धमक को कायम रखने के उद्देश्य से कॉर्नफील्ड ने सन् 1969 में आई.ओ.एस. को सार्वजनिक कर दिया था। इससे कंपनी के पास न केवल पर्याप्त नकदी आ गई थी, बल्कि कॉर्नफील्ड व उसके विक्रेताओं को अपने शेयर बेचकर अच्छी-खासी नकदी जुटा लेने का मौका भी मिल गया था; लेकिन जिन्होंने भाव बढ़ने की आशा में अपने शेयर को नहीं बेचा था, वे बुरी तरह फँस गए थे। एक के बाद दूसरे फंड के धराशायी होने का क्रम शुरू हो गया था और वर्ष 1962 में 10 डॉलर में बेचा गया आई.ओ.एस. शेयर आठ साल बाद 8 डॉलर से भी नीचे चला गया था। बिक्रीकर्मियों द्वारा निवेशकों को दिखाए गए 20 प्रतिशत वार्षिक लाभ के सुहावने सपने बिखरने लगे थे। अंत में, कंपनी के कुछ निदेशकों व प्रमुख अंशधारकों ने कुप्रबंधन का आरोप मढ़कर बर्नार्ड कॉर्नफील्ड को ही बलि का बकरा बना दिया था।

लंबी कानूनी लड़ाई के बाद बरी होने पर कॉर्नफील्ड ने खुद को 'ग्रेहॉल' हवेली में ही कैद-सा कर लिया था। उसकी जीवन-शैली पहले से काफी बदल गई थी। उसने लाल मांस त्याग दिया था; कभी-कभार ही शराब पीता था और उसमें स्वास्थ्यवर्धक खाद्य पदार्थ व विटामिन्स के लिए एक

प्रकार का जुनून विकसित हो गया था। बाद में उसके स्वामित्व में एरिजोना में भूमि विकास कंपनी व लॉस एंजिल्स में एक रियल एस्टेट कंपनी बची थी। 27 फरवरी, 1995 को जब लंदन में मस्तिष्क आघात (ब्रेन स्ट्रोक) से बर्नार्ड कॉर्नफील्ड की मृत्यु हुई थी, तब उसकी एकमात्र वारिस बेटी जेसिका कॉर्नफील्ड और कुछ निकटतम मित्र ही उसके साथ थे। पत्नी से काफी पहले ही उसका तलाक हो चुका था।

□

अध्याय 5

हॉवर्ड ह्यूजेस : विविधतापूर्ण निवेश से कमानेवाला रहस्यमय उद्यमी

पिछले अध्यायों में अब तक हमने जिन धनी व्यक्तियों के बारे में पढ़ा है, उनमें से सभी बहुत हद तक अपने क्षेत्र के विशेषज्ञ थे। उनमें से हरेक ने एक विशेष कारोबार क्षेत्र में अपने विशेष प्रकार के उद्यम से अपना सौभाग्य बनाया था। वैसे तो उन सभी को अपने पेशेवर जीवन में विभिन्न प्रकार के उद्यमों से गुजरना पड़ा था, लेकिन उन्होंने धीरे-धीरे स्वयं को मूल क्षेत्र पर केंद्रित कर लिया था और उसके विशेषज्ञ के रूप में स्थापित कर लिया था। लेकिन इस अध्याय में हम ऐसे व्यक्तित्व के बारे में चर्चा करने वाले हैं, जिसने एक के बाद कई प्रकार की विशेषज्ञताएँ हासिल की थीं। हर सफलता के बाद वह स्वयं को बिल्कुल नए क्षेत्र में धकेलता चला गया था और सफलताएँ उसका पीछा करती चली गई थीं।

वह जीवन भर कभी भी अपनी सफलताओं से संतुष्ट नहीं हुआ था और अपने लिए लगातार नए लक्ष्य बनाता रहा था। मानो वह व्यक्ति विशेष की अनंत संभावनाओं को जमीन पर उतारने के लिए इस धरती पर आया हो। उद्यमशीलता की भाषा में कहें तो उसने धनी बनने के लिए 'विविधतापूर्ण निवेश' का रास्ता अपनाया था और हर उस क्षेत्र में निवेश के बीज बोता चला गया था, जहाँ कहीं उसको कमाई की संभावना नजर आई थी। देखते-देखते वे निवेश बीज बढ़ते हुए विशाल व्यावसायिक वृक्ष

बनते चले गए थे। लाभांश के रूप में उनके फल उसकी झोली में इकट्ठा होने लगे और जब वह अपने पेशेवर जीवन के चरम पर पहुँचा था तो उसे विश्व के सबसे अधिक आर्थिक रूप से सफल व्यक्तियों में से एक के रूप में गिना जाने लगा था। हाँ, वह इस मामले में सबसे अलग था कि उसे शुरुआती पूँजी के लिए अधिकांश सफल व्यक्तियों की तरह गरीबी में संघर्ष नहीं करना पड़ा था। हाँ, वह कुछ लाख डॉलर का वारिस जरूर था, लेकिन वह सिर्फ 18 साल का ही था, जब उसके माता-पिता चल बसे। जी हाँ, दुनिया उसे किशोर समझती रही; लेकिन उसने कुछ वर्षों में अपनी अद्भुत प्रतिभा का परिचय दे दिया था और माता-पिता द्वारा छोड़ी गई संपत्ति को कई गुना ऊपर पहुँचा दिया था।

जी हाँ, हम 20वीं सदी के बहुचर्चित व बहुप्रतिभाशाली अमेरिकी कारोबारी दिग्गज हॉवर्ड ह्यूजेस रॉबर्ट जूनियर (24 दिसंबर, 1905 से 5 अप्रैल, 1976) की बात कर रहे हैं। वह एक साथ उद्यमी, निवेशक, हवाबाज (एविएटर), अंतरिक्ष प्रौद्योगिकी अभियंता (एयरोस्पेस इंजीनियर), आविष्कारक, फिल्म निर्माता व परोपकारी था। ह्यूजेस ने मुख्य रूप से विनिर्माण (मैन्युफैक्चरिंग), अंतरिक्ष प्रौद्योगिकी व रक्षा (एयरोस्पेस एंड डिफेंस), इलेक्ट्रॉनिक्स, जन-संपर्क माध्यम (मास मीडिया) एवं आतिथ्य (हॉस्पिटैलिटी) तथा उद्योग-क्षेत्रों में सबसे अधिक सफल व्यावसायिक जीवन का आनंद लिया था; लेकिन वह कभी भी न थकनेवाला बेचैन उद्यमी था और उसकी उद्यमशीलता का दायरा बहुत बड़ा व विविधतापूर्ण था। उसने अभियांत्रिकी (इंजीनियरिंग), विमानन (एविएशन), रियल एस्टेट, पेट्रोलियम ड्रिलिंग, ऑयलफील्ड सर्विसेज, मनोरंजन (एंटरटेनमेंट), खनन (माइनिंग) आदि क्षेत्रों में भी अपनी मजबूत उपस्थिति दर्ज कराई थी। सन् 1976 में मृत्यु के समय ह्यूजेस की कुल परिसंपत्ति का मूल्य 1.5 अरब डॉलर (मौजूदा मुद्रास्फीति समायोजित मूल्य लगभग 6.24 अरब डॉलर) आँका गया था, जिसका अधिकांश उसने हॉवर्ड ह्यूजेस मेडिकल इंस्टीट्यूट (चेवी चेस, मेरीलैंड) को वसीयत कर खुद अपने समय के सबसे बड़े

परोपकारियों में भी शामिल कर लिया था।

असामान्य किशोर उद्यमी ह्यूजेस जूनियर : हॉवर्ड ह्यूजेस रॉबर्ट जूनियर का जन्म (24 दिसंबर, 1905) दक्षिण-मध्य अमेरिका के टेक्सास प्रांत के ह्यूस्टन (हैरिस काउंटी) नगर में हुआ था। उसके पिता हॉवर्ड ह्यूजेस रॉबर्ट सीनियर (जन्म 9 सितंबर, 1869; लंकास्टर, मिसौरी) ने हार्वर्ड विश्वविद्यालय में स्नातक की पढ़ाई को एक साल बाद छोड़ दिया था और अपने वकील पिता की चाहत को पूरा करने के लिए आयोवा राज्य विश्वविद्यालय में कानून की पढ़ाई पूरी कर वकालत करनी शुरू की थी। 24 जून, 1904 को एलेन स्टोन गानो (डलास काउंटी, टेक्सास) से शादी होने के बाद ह्यूजेस सीनियर खनन कारोबार से जुड़ी गतिविधियों में शामिल हो गया था। स्पिंडलटॉप (बेओमोंट, टेक्सास) में हुई तेल-खोज के बाद वह पूरी तरह से तेल सट्टेबाज व तेल कुओं का पूर्वेक्षक (प्रोस्पेक्टर) बन गया था; लेकिन इस काम में उसे कोई विशेष सफलता नहीं मिली थी। ह्यूजेस सीनियर का सौभाग्य तब शुरू हुआ था, जब उसने सन् 1908 में तेल कुआँ खुदाई के लिए उपयोग की जानेवाली ऐसी रॉक ड्रिल को विकसित कर उसका पेटेंट हासिल कर लिया था, जो उस समय उपलब्ध अन्य ड्रिल की तुलना में 10 गुना अधिक तेजी से पत्थर में छेद कर पाने में सक्षम था। ह्यूजेस टूल कंपनी (ह्यूस्टन) द्वारा निर्मित 'रॉक ईटर' नामक वह रॉक ड्रिल तेल-खुदाई उद्योग में धूम मचाने लगी थी और ह्यूजेस सीनियर की गिनती सफल आविष्कारक व उद्यमियों में की जाने लगी थी।

दूसरी तरफ, बचपन में ही ह्यूजेस जूनियर में विज्ञान व तकनीक की तरफ गहरी रुचि प्रकट होने लगी थी। उसने 11 वर्ष की उम्र में ह्यूस्टन का पहला 'वायरलेस रेडियो ट्रांसमीटर' निर्मित कर लिया था। वह ह्यूस्टन नगर में 'हैम रेडियो' संचालन के लिए सबसे पहले अनुज्ञा-पत्र (लाइसेंस) हासिल करनेवालों में शामिल हो गया था। 12 वर्ष की उम्र में स्थानीय समाचार-पत्र में ह्यूजेस जूनियर का चित्र प्रकाशित हुआ था, जिसमें उसका परिचय ह्यूस्टन के पहले ऐसे मोटर युक्त साइकिल रखनेवाले किशोर के रूप में

दिया गया था, जिसने अपने पिता के भाप-इंजन के हिस्से-पुर्जों का निर्माण किया था; लेकिन वह उदासीन स्वभाव का छात्र था। गणित व यांत्रिकी के अलावा उड़ान में उसकी गहरी रुचि थी। 14 वर्ष की उम्र में उसने उड़ान का पहला प्रशिक्षण ले लिया था। उसने थैचर स्कूल, जो कैलिफोर्निया की ओजई घाटी में 427 एकड़ में फैला हुआ है और अमेरिका के सबसे महँगे आवासीय सह-शिक्षा विद्यालयों में गिना जाता है, से उच्चतर माध्यमिक शिक्षा पूरी की थी और बाद में वह कैलिफोर्निया प्रौद्योगिकी संस्थान/कैलटेक (पासाडेना, कैलिफोर्निया) में गणित व वैमानिक अभियांत्रिकी (एयरोनॉटिकल इंजीनियरिंग) के स्नातक पाठ्यक्रमों में दाखिल हुआ था।

इस बीच मार्च 1922 में ह्यूजेस जूनियर की माँ एलेन ह्यूजेस की अस्थानिक गर्भावस्था (एक्टोपिक प्रेगनेंसी) की जटिलताओं से मृत्यु हो गई थी। फिर 14 जनवरी, 1924 को उसके पिता ह्यूजेस सीनियर का दिल का दौरा पड़ने से निधन हो गया था। उस वक्त ह्यूजेस जूनियर महज 18 वर्ष का नाबालिग था, लेकिन पिता की वसीयत ने उसे ह्यूजेस टूल कंपनी में 75 प्रतिशत तथा उनकी अन्य परिसंपत्तियों का स्वामी बना दिया था। तत्कालीन अमेरिकी कानून नाबालिग वारिस को किसी कंपनी का नियंत्रण अधिकार नहीं सौंपता था और उसके संचालन के लिए मताधिकार प्राप्त विशेष न्यास का गठन किया जाता था। ह्यूजेस जूनियर को भी 21 वर्ष की उम्र तक इसी कानूनी परंपरा का पालन करना था। पेशेवर पदाधिकारियों की देख-रेख में कंपनी अच्छा प्रदर्शन कर रही थी। इसलिए ह्यूजेस जूनियर के सामने ऐसी कोई तात्कालिक आवश्यकता नहीं थी कि वह कंपनी के कामकाज में हस्तक्षेप करे। अगले तीन साल में वह कैलटेक में अपनी पढ़ाई पूरी करने बाद भी कंपनी का संचालन कर सकता था।

लेकिन ह्यूजेस जूनियर कोई आम अमेरिकी किशोर नहीं था, जो पिता की कमाई पर मौज-मस्ती करने का आनंद महसूस करता। वैसे, छात्र जीवन के उसके अब तक के व्यवहार से ऐसा भी नहीं लगता था कि वह कोई बहुत ही असामान्य प्रतिभा का धनी हो। गणित व विज्ञान के अलावा वह

अन्य विषयों में हमेशा औसत श्रेणी का ही छात्र रहा था। हाँ, उसकी गंभीर उदासीनता उसे अपनी उम्र के अन्य किशोरों से बिल्कुल अलग जरूर करती थी। युवावस्था के मुहाने पर खड़े अन्य किशोरों की तरह वह लड़कियों में भी किसी प्रकार की कोई रुचि नहीं ले रहा था और उसके उदासीन स्वभाव के चलते दिलफेंक लड़कियाँ भी उसके पीछे नहीं भागती थीं। वह अपनी कक्षा में आता था और चुपचाप चला जाता था। उसकी किसी से कोई गहरी मित्रता भी नहीं थी। फिर 18 वर्ष की उम्र में ऐसा क्या हुआ था कि उस गुमसुम स्वभाव के नौजवान के अंदर अचानक आग-सी लग गई थी। ह्यूजेस जूनियर ने तत्काल फैसला किया था कि वह कानूनी रूप से बालिग होने तथा पढ़ाई पूरी करने में तीन वर्ष का अमूल्य समय गँवा नहीं सकता था।

बाकी 25 प्रतिशत अंश के हिस्सेदार उसके संबंधी कंपनी संचालन के लिए सक्षम थे; लेकिन उसने न्यायालय में अपनी नियंत्रणकारी भूमिका का दावा पेश कर सभी को चौंका दिया था। शुरू-शुरू में न्यायालय ने उसे न्यासी सलाहकारों के संरक्षण में कंपनी को संचालित करने की सलाह दी थी; लेकिन अपनी अटूट प्रतिबद्धता, दृढ़ता व तर्क से वह पीठासीन न्यायाधीश को यह आश्वस्त करने में सफल हो गया था कि वह कंपनी के स्वतंत्र संचालन के लिए पूर्णतया सक्षम था। इस तरह, लगभग एक वर्ष की अदालती काररवाई के बाद सन् 1925 में ह्यूजेस जूनियर को अपने पिता की कुरसी सँभालने की विधिवत् अनुमति मिल गई थी।

ह्यूजेस टूल्स कंपनी की कमान सँभालने के अगले कुछ सप्ताह में ह्यूजेस जूनियर ने एकाउंटेंट पद के आवेदकों के साक्षात्कार का सिलसिला शुरू कर दिया था और अंत में उसने जिस व्यक्ति को एकाउंटेंट नियुक्त किया था, वह था 36 वर्ष का नोआह डाइट्रिच। जी हाँ, यह वही व्यक्ति था, जिसने जल्द ही ह्यूजेस जूनियर का विश्वास हासिल कर कंपनी का संपूर्ण कार्यभार सँभाल लिया था और उसे नित नए कारोबारी प्रयोग करने के लिए रोजाना के कार्यभार से मुक्त कर दिया था। जी हाँ, वह अगले 35 वर्षों तक ह्यूजेस जूनियर का सबसे अहम व्यक्ति बना रहा था। संभवतः डाइट्रिच की

अटूट विश्वसनीयता व प्रबंधन प्रतिभा के दम पर ही ह्यूजेस जूनियर अपने विविधतापूर्ण कारोबारी जुनून को पूरा कर सकने में सफल हो सका था।

जी हाँ, डाइट्रिच की नियुक्ति के बाद ह्यूजेस जूनियर टूल्स कारोबार की तह में घुसता चला गया था। उसने कारोबार के हर पहलू का बारीकी से अध्ययन किया था, फिर विनिर्माण प्रक्रिया में मामूली फेर-बदल कर उसे संतुलित बनाया था। कुछ अयोग्य लोगों को बाहर का रास्ता दिखाकर उनकी जगह डाइट्रिच जैसे विश्वसनीय व योग्य कर्मियों की नियुक्तियाँ की थीं। जल्द ही उसने अपने संबंधियों से कंपनी की 25 प्रतिशत हिस्सेदारी भी खरीद ली थी और कंपनी पर संपूर्ण स्वामित्व हासिल कर लिया था। चूँकि उसके हर फैसले को लागू करने और रोजाना की गतिविधि को सुचारु रूप से चलाने के लिए हर कदम पर डाइट्रिच उसके साथ खड़ा होता था, टूल्स कारोबार लगातार धन की बरसात करने लगा था और अब ह्यूजेस जूनियर ने खुद को वहाँ से गायब कर लिया था और बिल्कुल नई कारोबारी संभावना की तह में घुस जाने का फैसला कर लिया था।

फिल्म उद्योग में बड़ा दाँव : ह्यूजेस जूनियर का अगला कारोबारी लक्ष्य था उस समय का उभरता हुआ फिल्म निर्माण उद्योग। असल में, कुछ समय पहले जब एक अभिनेता मित्र को पता चला था कि उसके पास काफी अतिरिक्त धन पड़ा है तो उसने ह्यूजेस जूनियर के सामने एक फिल्म के निर्माण का विचार रखा था, और ह्यूजेस उस फिल्म में 50,000 डॉलर निवेश करने को सहमत भी हो गया था। वैसे तो वह फिल्म बुरी तरह पिट गई थी, लेकिन ह्यूजेस जूनियर ने उस असफलता में से भी अपने लिए बहुत ही मूल्यवान् 'शिक्षा' हासिल कर ली थी। इस नई संभावनावाले क्षेत्र के प्रति उसकी जिज्ञासा इतनी बढ़ गई थी कि वह गुमनाम देवदूत निवेशक (एंजिल इन्वेस्टर) की तरह हॉलीवुड से लगभग 1,600 मील दूर ह्यूस्टन में बैठा नहीं रह सकता था। अंततः वह हॉलीवुड आ गया था और फिल्म निर्माण प्रक्रिया—पहले पटकथा प्रारूप से लेकर अंतिम फिल्म संपादन तक—के हर पहलू को बारीकी से देखता-परखता रहा था और अधिकांश

विचार-विमर्श में भी सक्रिय भागीदारी करता रहा था।

ह्यूजेस जूनियर के लिए यह अनुभव फिल्म-निर्माण संबंधी पेचीदगियों को सुलझाने और उस क्षेत्र की कारोबारी संभावनाओं के सटीक आकलन के लिए काफी था। अब उसकी दूरदृष्टि में साफ झलकने लगा था कि टेक्सास की तरह ही हॉलीवुड में भी आसानी से धन कमाया जा सकता था; शर्त बस, इतनी भर है कि भाग्य साथ दे और कुशल प्रबंधन से उचित लागत से नियत समय पर परियोजना पूरी हो। वह तो जन्म से ही सौभाग्यशाली था, क्योंकि उसके आने के बाद ही उसके पिता को सफलता मिली थी। बस, अब उसने फिल्म-निर्माण के हर जरूरी पहलू को अपने नियंत्रण में लेने पर अपना सारा ध्यान केंद्रित कर दिया था। धीरे-धीरे उसने हॉलीवुड की विभिन्न कंपनियों में निवेश करना शुरू कर दिया था, जो फिल्म निर्माण स्टूडियो से रंगीन फिल्म विकसित करनेवाली प्रयोगशाला तक को नियंत्रित करती थीं। बेहद जोखिम भरे इन निवेशों की निगमित संरचना (कॉरपोरेट स्ट्रक्चर) बहुत ही जटिल थी। अधिकांश में मुख्य शेयरधारक 'ह्यूजेस टूल्स कंपनी' को बनाया गया था, जिसे हॉलीवुड में कोई भी नहीं जानता था। इस तरह, फिल्म उद्योग में नियंत्रणकारी भूमिका हासिल कर लेने के बाद भी ह्यूजेस जूनियर को जानने-समझनेवालों की संख्या काफी कम थी और उसने काफी समय तक खुद को बेवजह की सुर्खियों में नहीं आने दिया था।

इस तरह, पहली असफलता के बाद ह्यूजेस जूनियर ने यह सुनिश्चित किया था कि उसकी अगली परियोजनाएँ सफल हों; और ऐसा हुआ भी। उसकी अगली तीन फिल्में आर्थिक रूप से सफल रही थीं। रोचक तथ्य यह है कि फिल्म समीक्षकों ने उन सभी फिल्मों की तीखी आलोचना की थी और उन्हें पूर्णतया व्यावसायिक व घटिया करार दिया था। लेकिन ह्यूजेस जूनियर इन बातों की तनिक भी परवाह करता नहीं दिख रहा था। नतीजा यह हुआ कि भविष्य में उसकी फिल्मों के प्रति फिल्म समीक्षकों की चिढ़ लगातार बढ़ती ही गई थी। लेकिन दोस्तों से दूर गुमसुम रहनेवाले युवा उद्यमी ने पता नहीं कैसे बहुत जल्द ही आम दर्शकों की नब्ज टटोल ली

थी। वह पक्के तौर पर समझ चुका था कि फिल्म समीक्षक चाहे जितनी तीखी आलोचना क्यों न करें, आम अमेरिकी दर्शक हास्य, सेक्स, हिंसा व शोर-शराबे का आनंद लेते हैं और इन्हीं चीजों की कुशल मसाला प्रस्तुति ही किसी भी फिल्म की सफलता का रहस्य है। वैसे तो वह इन समीक्षकों से बचने की कोशिश करता था, लेकिन हॉलीवुड के किसी जश्न में जब किसी कला-प्रेमी महिला बुद्धिजीवी ने उसे इन सवालों में घेरने की कोशिश की थी तो उसने स्पष्ट शब्दों में कहा था, ''यह कारोबार है। कारोबार का उद्‍देश्य धन कमाना है। यदि इससे कला का भी निर्माण होता है तो वह द्वितीयक व आकस्मिक ही होगा।''

ह्यूजेस जूनियर ने आश्चर्यजनक रूप में भारी लागत से पाँचवीं फिल्म 'हेल्स एंजिल' (नरक का देवदूत) का निर्माण किया था, जो प्रथम विश्वयुद्ध के दौरान हुए हवाई युद्ध पर केंद्रित थी। वह मूक फिल्मों का जमाना था और तब उसकी लागत 10 लाख डॉलर से अधिक आई थी। लेकिन जब वह फिल्म बिल्कुल प्रसारित होने के कगार पर पहुँच चुकी थी, तब अचानक आई ध्वनि फिल्मों ने दर्शकों के दिलो-दिमाग पर छाना शुरू कर दिया था। ऐसे में ह्यूजेस जूनियर ने अचानक पूरी फिल्म को रद्‍द कर दिया था और उसे बिल्कुल नए सिरे से बनाने में जुट गया था। 10 लाख डॉलर स्वाहा हो जाने का उसे कोई मलाल नहीं था; बल्कि उसकी नजर तो नई फिल्म की बाजार संभावनाओं पर टिकी हुई थी, जो उसकी झोली में कुल लागत से कई गुना अधिक धन डालने वाली थी। जी हाँ, उसने मूल मुख्य अभिनेत्री को ही बदलने का फैसला कर लिया था, क्योंकि उसे ठीक प्रकार से अंग्रेजी बोलना नहीं आता था। उसकी जगह उसने सुनहरे बालोंवाली बिल्कुल नई अभिनेत्री जीन हरलो को नायिका बनाने का फैसला किया था। कहा जाता है कि उस समय जीन हरलो को ठीक प्रकार से अभिनय करना नहीं आता था; लेकिन उसे अंग्रेजी बोलना आता था और उसकी सबसे बड़ी खूबी यह थी कि उसका हर हाव-भाव सेक्स की सार्वभौमिक भाषा बोलता था।

जी हाँ, ह्यूजेस जूनियर ने उस फिल्म के निर्माण में व्यक्तिगत तौर

पर गहरी रुचि दिखाई थी। वह पटकथा लेखन से लेकर निर्देशन, सेट डिजाइनिंग व संपादन तक की प्रक्रियाओं में खुद को झोंके रखता था। इस दौरान पहली बार लोगों ने उसकी आश्चर्यजनक लगन व कार्यक्षमता को देखा था। वह बिना ऊँघे लगातार 24 घंटे से अधिक समय तक काम करता रहा था। वही था, जो इतने लंबे समय तक लगातार काम करने के बाद भी अपने ध्यान को पूरी तरह केंद्रित रख सकता था। कहते हैं कि नायिका जीन हरलो युवा व धनवान् निर्माता ह्यूजेस जूनियर पर बुरी तरह मोहित हो गई थी; लेकिन हरलो को ह्यूजेस जूनियर की तरफ से एक मुसकराहट भी वापस नहीं मिल सकी थी। याद रहे कि हॉलीवुड की कई अभिनेत्रियाँ ह्यूजेस जूनियर की नजदीकी मित्र थीं और विविधतापूर्ण सेक्स जीवन का शौकीन भी रहा था; लेकिन वह अकसर अपनी फिल्मों की अभिनेत्रियों से दूर ही रहने की कोशिश करता था, क्योंकि उसकी नजर में वे महिलाएँ पूरी तरह से केवल 'कारोबारी संपत्तियाँ' थीं। जी हाँ, इस हद तक अपने काम में डूब सकने की क्षमता थी उस व्यक्ति की। जीन हरलो के सुनहरे बालों, मादक आँखों व मोहक अदाओं में उसने धन कमाने का अवसर देखा था, न कि व्यक्तिगत रुचि का।

जब सन् 1930 में 'हेल्स एंजिल्स' प्रसारित हुई तो फिल्म समीक्षकों ने पिछली फिल्मों की तरह उसे भी घटिया करार दिया था। लेकिन ह्यूजेस जूनियर में दर्शकों की भावनात्मक चाहत को नापने की गजब की क्षमता थी। फिल्म को दर्शकों का जबरदस्त समर्थन मिला। जीन हरलो रातोरात विश्व-प्रसिद्ध हो गई थी और उसके नाम कामुकता का प्रतीक बन गया था। उस फिल्म के निर्माण में ह्यूजेस जूनियर ने पहले 10 लाख डॉलर और बाद में 20 लाख डॉलर, यानी कुल 30 लाख डॉलर झोंका था। यह संभवत: पहला मौका था, जब ह्यूजेस जूनियर के सनकी फैसले पर नोआह डाइट्रिच भी भरोसा नहीं कर पा रहा था। चूँकि वह मालिक के आदेश को टाल नहीं सकता था, इसलिए ह्यूजेस टूल्स की कमाई से उस फिल्म में इतनी बड़ी रकम झोंकता चला गया था। लेकिन जब फिल्म ने 80 लाख

डॉलर की कमाई की थी, तब उसे एहसास हुआ था कि वह अपने से आधी उम्र के मालिक की कारोबारी दूरदृष्टि व जुनूनी उद्यमशीलता पर बेवजह शक कर रहा था।

जी हाँ, वर्ष 1930 के अंत में जब ह्यूजेस जूनियर 25 वर्ष का हुआ था, तब तक उसकी कुल परिसंपत्ति का मूल्य लगभग 2 करोड़ डॉलर हो चुका था। याद रहे कि सात वर्ष पहले 18 वर्ष की उम्र में वह केवल 6 लाख डॉलर मूल्य की संपत्ति का वारिस बना था, अर्थात् ह्यूजेस जूनियर की संपत्ति की वार्षिक वृद्धि दर 395 प्रतिशत से ऊपर चली गई थी। लेकिन वह सदा बेचैन स्वभाव का उद्यमी था और क्षेत्र विशेष की सफलता उसे संतुष्ट नहीं कर सकती थी। याद रहे कि उसने अपनी मूल कंपनी ह्यूजेस टूल्स के परिचालन को दीवार घड़ी जैसा बना दिया था और जब वह अपनी स्वाभाविक टिक-टिक गति से लाभ अर्जित करने लगी थी तो उसने अपना ध्यान फिल्म-निर्माण पर केंद्रित कर लिया था। अब हॉलीवुड के विभिन्न उद्यमों से उसे स्वाभाविक लाभ मिलने शुरू हो गए थे, तो उसने एक-एक कर उन सभी उद्यमों की कमान चुनिंदा पेशेवरों के हवाले कर दी थी और खुद को बिल्कुल नए क्षेत्र में झोंकने के लिए खाली कर लिया था। जी हाँ, अब उसकी नजर 'हवाई विमान' (एयरक्राफ्ट) क्षेत्र की संभावनाओं पर टिक गई थी।

हवाई विमान क्षेत्र का आकर्षण : जिस तरह फिल्म-निर्माण में महज संयोग से ह्यूजेस जूनियर की कारोबारी रुचि बनी थी, ठीक उसी तरह 'हेल्स एंजिल्स' के निर्माण के दौरान हवाई विमानों ने उसका ध्यान खींचा था और उसके बचपन की हवाबाजी की चाहत को भड़का दिया था। जब विमानों को दुरुस्त किया जा रहा होता था तो वह वहीं पर मँडराता रहता था और विमान-चालकों व इंजीनियर्स से बालकों जैसी जिज्ञासा से तरह-तरह के तकनीकी सवाल पूछता रहता था। विमान को कल-पुरजों को खोलने और फिर उसे दुरुस्त कर उड़ान के लिए तैयार करने की संपूर्ण प्रक्रिया को वह बाल-सुलभ आश्चर्य के भाव से देखता-परखता रहा था। इसी दौरान उसने प्रशिक्षण लेना शुरू किया था और बाकायदा विमान-चालक का लाइसेंस हासिल कर लिया था।

जी हाँ, 'हेल्स एंजिल्स' के पूरा होने के कुछ ही समय बाद से ह्यूजेस जूनियर अकसर लंबे समय तक हॉलीवुड से गायब रहने लगा था। करीब एक महीने बाद वह अचानक प्रकट हो जाता था, अपने कारोबारी प्रमुखों को बुलाता था, उनसे संबंधित कारोबार की स्थिति की चर्चा करता था, जरूरत पड़ने पर आवश्यक निर्देश देता था और जब तसल्ली हो जाती थी कि हरेक कारोबार अपनी स्वाभाविक गति से चल रहा है तो फिर बिना किसी को बताए अचानक गायब हो जाता था। किसी को भी यह नहीं पता होता था कि वह असल में कहाँ है। यदि कोई उससे पूछता था तो उसका रटा-रटाया-सा जवाब होता था, "अरे, मैं यात्रा कर रहा था।"

लेकिन सच्चाई यह थी कि इस दौरान ह्यूजेस जूनियर हवाई विमान कारोबार संबंधी जरूरी जानकारियाँ इकट्ठी कर रहा था। वह जानकारियों का ऐसा भूखा इनसान था, जिसका पेट कभी भी नहीं भरता था। वह जिस काम में जुटता था, उसके बारे में सबकुछ जान लेने के बाद ही दम लेता था। लेकिन हर समय कुछ नया सीख लेने की उसकी बेचैनी कभी भी खत्म होने का नाम नहीं लेती थी। वह स्वभाव से सदा-बेचैन उद्यमी जो था। जी हाँ, इस दौरान वह छद्म नाम से एक छोटी विमानन कंपनी में सह-विमान चालक (को-पायलट) की नौकरी करने लगा था। उस जमाने में इस क्षेत्र में काफी कम वेतन मिलता था। जी हाँ, वह करोड़पति युवा उद्यमी अपने कारोबार से जितना एक दिन में कमाई कर रहा था, उससे भी कम वार्षिक वेतन पर वहाँ काम कर रहा था। उसने वहाँ पर कभी भी किसी से अपना असल उद्देश्य नहीं प्रकट किया था; लेकिन जिस लगन व उत्साह के साथ वह काम कर रहा था, उससे सभी को साफ हो गया था कि उसका असल उद्देश्य वेतन कमाना नहीं, बल्कि जल्द-से-जल्द सबकुछ सीख लेना भर ही था। खूबी यह थी कि जब एक दिन अचानक उसने नौकरी छोड़ दी थी तो किसी को तनिक भी शक नहीं हुआ था कि वह इस धंधे का बड़ा खिलाड़ी बनकर उभरने वाला था।

सन् 1932 में ह्यूजेस जूनियर ने ग्लेनडेल (लॉस एंजिल्स काउंटी),

कैलिफोर्निया में अपनी मूल कंपनी के एक प्रभाग के रूप में 'ह्यूजेस एयरक्राफ्ट कंपनी' की स्थापना की थी, जो विमानों की मरम्मत की सेवा प्रदान करती थी। अगले कुछ वर्षों में उसने कई निजी विमान खरीदे थे, लेकिन मरम्मत के काम में उसे ज्यादा आनंद नहीं आ रहा था। चूँकि वह जन्मजात मिस्त्री था, इसलिए उसने अपने निजी विमानों को सुधारने का बीड़ा उठा लिया था और अपने इंजीनियर्स को कुछ नया करने के लिए उकसाता रहता था। इस तरह अगले कुछ वर्षों में उसने मरम्मत सेवा देनेवाली छोटी कंपनी को बड़े विमान पुनर्निर्माण संयंत्र (एयरक्राफ्ट रिबिल्डिंग प्लांट) में बदल दिया था। सन् 1938 में ह्यूजेस जूनियर दुनिया भर के समाचार-पत्रों की सुर्खियाँ बटोरता रहा था, जब उसने अपने संयंत्र में पुनर्निर्मित लॉकहिड विमान से विश्व-यात्रा की थी। उसके बाद ह्यूजेस एयरक्राफ्ट कंपनी के पास निजी विमानों को सुधारने के आदेशों की झड़ी लग गई थी और वह बेहतर लाभ कमानेवाली इकाई बन गई थी।

यह वह समय था, जब विश्व महामंदी के बाद पर्याप्त ग्राहकों के अभाव में अधिकांश विमानन कंपनियाँ घाटे में चल रही थीं। ऐसे में नए निजी विमान खरीदने वालों की संख्या भी काफी कम हो गई थी और अधिकांश लोग पुराने विमानों में सुधार कर ही अपना शौक पूरा कर रहे थे। लेकिन इस धंधे की तह में पहुँच चुके ह्यूजेस जूनियर के लिए यह अनुमान लगाना बहुत मुश्किल नहीं था कि वह समय बहुत दूर नहीं है, जब अंतरराष्ट्रीय विमानन सेवा एक लाभकारी कारोबार के रूप में उभरेगी; और उसने खुद को उस कारोबार में डालने का निश्चय कर लिया था। अब उसने छोटी, लेकिन संभावनाशील विमानन सेवा कंपनी की खोज शुरू कर दी थी। जल्द ही उसने लगभग 15 लाख डॉलर में 'ट्रांसकॉण्टिनेंटल एंड वेस्टर्न एयरलाइंस' का दो-तिहाई सामान्य शेयर खरीद लिया था। संभवत: वह उसके नाम से ज्यादा प्रभावित था और बाद में उसका नाम बदलकर ट्रांस वर्ल्ड एयरलाइंस (टी.डब्ल्यू.ए.) कर दिया था। जी हाँ, सन् 1966 में जब उसने टी.डब्ल्यू.ए. की हिस्सेदारी बेची थी तो पूँजी-लाभ कर (कैपिटल-गेंस टैक्स) घटाने के

बाद उसने लगभग 40 करोड़ डॉलर की कमाई की थी।

विविध क्षेत्रों में फैलता कारोबार : इस बीच जब द्वितीय विश्वयुद्ध नजदीक आया था, तब तक ह्यूजेस जूनियर इतने विविध क्षेत्रों में अपने कारोबार को फैला चुका था कि उसके लिए किसी एक स्थान पर टिककर रह पाना बेहद मुश्किल हो गया था। ऐसे में कहीं-न-कहीं नुकसान तो होना ही था। असल में, ह्यूजेस एयरक्राफ्ट कंपनी को विभिन्न प्रकार के युद्धक विमानों की प्रारूप रचना व विकास के ठेके मिले थे, जिस पर सरकार के करोड़ों डॉलर भी खर्च हो गए थे; लेकिन कोई भी विमान युद्ध में उपयोग किए जाने की स्थिति में नहीं आ सका था। सेना के अधिकारियों ने इस असफलता का मुख्य कारण ह्यूजेस जूनियर की अति-व्यस्तता के कारण मौके से गायब रहना बताया था। जब भी कंपनी के अधिकारियों व इंजीनियर्स को कुछ अहम फैसलों पर आगे बढ़ने के लिए अंतिम आदेश के दस्तावेज पर ह्यूजेस जूनियर के हस्ताक्षर की जरूरत पड़ती थी, वे नहीं ढूँढ़ पाते थे कि वह कहाँ था। वे लोग टेक्सास स्थित ह्यूजेस टूल्स या फिर हॉलीवुड स्थित उसके मुख्यालय में संपर्क साधते थे तो यही जवाब मिलता था कि उनका संदेश पहुँचा दिया जाएगा। लेकिन जब कई दिनों या सप्ताहों बाद ह्यूजेस वापस फोन करता था तो पता चलता था कि वह कभी न्यूयॉर्क में था तो कभी टोरंटो में या फिर किसी ऐसे दुर्गम क्षेत्र में, जिसका कभी किसी ने नाम भी नहीं सुना होता था। ऐसे में उसके इंतजार में युद्धक विमानों का कामकाज जहाँ-का-तहाँ ठप्प पड़ा रहता था।

दूसरी तरफ, 'हेल्स एंजिल्स' की सफलता के बाद ह्यूजेस जूनियर ने सफल डाकू (गैंगस्टर) फिल्म 'स्कारफेस' का निर्माण किया था। लेकिन विमान कारोबार में उलझने के कारण उसका हॉलीवुड कारोबार अगले कुछ वर्षों तक बिल्कुल ठप्प-सा पड़ा रहा था। द्वितीय विश्वयुद्ध के दौरान उसकी दोनों कंपनियों—ह्यूजेस टूल्स व ह्यूजेस एयरक्राफ्ट के रक्षा ठेकों की जटिलताओं के चलते उसकी व्यस्तता इतनी ज्यादा बढ़ गई थी कि कोई कल्पना भी नहीं कर सकता था कि ह्यूजेस जूनियर अचानक फिर से

हॉलीवुड में सक्रिय होकर 1.50 करोड़ डॉलर का लाभ देनेवाली अब तक की अपनी सबसे सफल फिल्म 'दि आउटलॉ' के निर्माण में जुट जाएगा। सचमुच, ह्यूजेस जूनियर अति मानवीय कार्यक्षमतावाला उद्यमी ही था, तभी तो वह इतनी विविधतापूर्ण कारोबारी गतिविधियों को एक साथ संचालित करने दिन-रात जुटे रहने के बावजूद कभी भी थका नहीं दिख सकता था।

'दि आउटलॉ' की ऐसी कोई चौंकानेवाली कहानी नहीं थी कि ह्यूजेस जूनियर उसके निर्माण के लिए व्याकुल हो गया था। असल में, वह ऐसी पैनी दूरदृष्टिवाला उद्यमी था, जो बाजार की संभावनाओं को बाकी लोगों से बहुत पहले ही देख-परख सकता था और उसमें चील जैसी एकाग्रता, तत्परता व तीव्र गति से अपने शिकार को झपट लेने की कार्यक्षमता भी थी। त'गी तो वह इस साधारण से संगीत-नाटक (ओपेरा) को उस समय के सबसे अधिक चर्चित (विवादित) और कमाई करनेवाली फिल्म में बदल देने में सफल हुआ था! जी हाँ, ह्यूजेस जूनियर ने एक बार फिर से एक ऐसी अनजान मॉडल जेन रसेल को इस फिल्म की नायिका बनाने का फैसला कर लिया था, जिसने अब तक अभिनय नहीं किया था। वह जीन हरलो की तरह अपने हर हाव-भाव से कामुकता टपकानेवाली मोहक युवती भी नहीं थी। उसके चेहरे की उदासी को देखकर ऐसा लगता था कि वह लंबे समय से बदहजमी की शिकार रही हो; लेकिन उसके पास कुछ ऐसा था, जो उसकी हर कमी को ढकने के लिए काफी था और वे थे उसके आश्चर्यजनक रूप से विकसित स्तन। उससे पहले सिनेमा दर्शकों के सामने इतनी उन्नत स्तनवाली अभिनेत्री को कभी भी परोसा नहीं गया था।

शुरुआती स्क्रीन टेस्ट के बाद विशेषज्ञ सलाहकारों ने जेन रसेल को अयोग्य करार दिया था और उसे फिल्म में भरती न करने के लिए ह्यूजेस जूनियर से काफी देर तक तार्किक बहस भी की थी; लेकिन ह्यूजेस जूनियर जनता की मनोदशा को अद्‍भुत सटीकता से माप सकता था। द्वितीय विश्वयुद्ध के दौरान समूचा विश्व सामाजिक उथल-पुथल के दौर से गुजर रहा था। यौन वर्जनाओं (सेक्सुअल टैबू) की पारंपरिक नैतिक सीमाएँ टूटने

लगी थीं। उसका मनोवैज्ञानिक कारण यह था कि आम जनता युद्ध की कठोर वास्तविकताओं को भुलाने की कोशिशें कर रही थी, विशेष रूप से अमेरिका में जन–साधारण 'सेक्स' को सार्वजनिक मनोरंजन के नए साधन के रूप में स्वीकार करने लगा था। इससे भी बड़ी वजह यह थी कि युद्ध में सैनिक सेवाएँ देनेवाले लाखों पुरुषों और घर में अकेली समय काटने के लिए मजबूर हो गई उनकी महिलाओं के लिए यह अपनी आधारभूत सहज मानवीय प्रवृत्ति (बेसिक ह्यूमन इंस्टिंक्ट) यानी 'सेक्स' को खुलकर जीने का अनोखा अवसर था। उस दौर में समूचे अमेरिका में 'महिलाओं के स्तन' के प्रति अजीबोगरीब जुनून उभरकर सामने आया था, जो अभी तक मनोवैज्ञानिक शोध का विषय बना हुआ है।

जी हाँ, 'दि आउटलॉ' कोई अश्लील फिल्म नहीं थी, न तो आजकल के और न ही 1940 के दशक के मापदंड पर। हाँ, उस फिल्म में ऐसा नया प्रयोग जरूर किया था, जिस पर उस जमाने में उँगली उठाई जा सकती थी और वह यह था कि कैमरा बेवजह कुछ लंबे समय तक जेन रसेल के उभरे हुए वक्षस्थल पर मँडराता था। जी हाँ, ह्यूजेस जूनियर ने बहुत ही सावधानी व चालाकी से बहुत कम लोगों द्वारा की जानेवाली उस आपत्ति को जमकर भुनाया था। रोचक तथ्य यह भी है कि ह्यूजेस जूनियर ने अपने प्रचार–प्रतिनिधियों के माध्यम से उस आपत्ति को आंदोलन का रूप दिया था। उसके द्वारा प्रायोजित भीड़ ने सिनेमा घरों के सामने प्रदर्शन किए थे और सार्वजनिक शालीनता को बनाए रखने के लिए स्थानीय प्रशासन से उस फिल्म के प्रदर्शन को रोकने की माँगें भी की थीं। यह हंगामा इतना जोरदार था कि समूचे देश में उस फिल्म को देखने की जिज्ञासा अपने चरम पर पहुँच गई थी। इस तरह अपनी शातिर प्रचार रणनीति से ह्यूजेस ने 'दि आउटलॉ' को उस समय तक टिकट खिड़की पर सबसे ज्यादा भीड़ जुटानेवाली फिल्म बना दिया था और अंततः अपने लाभ खाते में 1.5 करोड़ डॉलर की मोटी रकम डाल पाने में सफल हो गया था।

द्वितीय विश्वयुद्ध की समाप्ति के बाद अन्य विमानन कंपनियों की

तरह ट्रांस वर्ल्ड एयरलाइंस (टी.डब्ल्यू.ए.) का परिचालन भी कठिन दौर से गुजर रहा था। ह्यूजेस जूनियर उसे अंतर-महादेशीय विमानन सेवा बनाने के लक्ष्य पर अडिग था। दूसरी उभरती हुई विमानन कंपनी 'पैन अमेरिकन' भी इसी लक्ष्य पर आगे बढ़ रही थी। नतीजतन दोनों कंपनियों के बीच गलाकाट प्रतिस्पर्धा शुरू हो गई थी। दोनों ने विमान किराए को न्यूनतम स्तर से भी काफी नीचे कर दिया था और राज्य व केंद्र सरकारों को कई तरह की विशेष रियासतें दे दी थीं। टी.डब्ल्यू.ए. को इतना अधिक नुकसान हुआ था कि सन् 1946 में उसके शेयर की कीमतें 50 डॉलर से नीचे गिरकर 4 डॉलर प्रति शेयर रह गई थीं।

इस गिरावट के बाद अचानक ह्यूजेस जूनियर का स्वास्थ्य बिगड़ गया था और उसे अस्पताल में भरती होना पड़ा था। इस दौरान उसके पास सुझाव आए थे कि शेयर और भी नीचे गिर जाए, उससे पहले वह टी.डब्ल्यू.ए. को बेचकर बाहर निकल जाए। याद रहे कि उसने 2 डॉलर प्रति शेयर की लागत पर टी.डब्ल्यू.ए. की हिस्सेदारी खरीदी थी; लेकिन उसने ऐसा करने से साफ मना कर दिया था। विविधतापूर्ण निवेशों के कारण उसके पास काफी धन आ रहा था और वह टी.डब्ल्यू.ए. के घाटे को आसानी से बरदाश्त कर सकता था। चूँकि उसके पास 78 प्रतिशत शेयर थे, इसलिए बाजार में भाव गिरने का उसके स्वामित्व पर कोई फर्क नहीं पड़ सकता था। ह्यूजेस जूनियर जानता था कि ज्यों ही यह विपरीत समय गुजरेगा और टी.डब्ल्यू.ए. लाभ की स्थिति में आएगी, तब अचानक शेयर के भाव ऊपर चले जाएँगे, क्योंकि बाजार में उपलब्ध 22 प्रतिशत कारोबारी शेयर को बिकने में ज्यादा देर नहीं लगेगी। जी हाँ, उसका अनुमान बिल्कुल सही था। सन् 1966 में टी.डब्ल्यू.ए. का शेयर 100 डॉलर के स्तर पर चला गया था और तब उसने मूल लागत के मुकाबले 98 डॉलर प्रति शेयर की कमाई पर अपनी हिस्सेदारी को बेचना उचित समझा था।

इतना ही नहीं, 1940 के दशक के अंत में जब ह्यूजेस जूनियर ह्यूजेस टूल्स व ह्यूजेस एयरक्राफ्ट के लिए रक्षा सौदे कर रहा था, टी.डब्ल्यू.ए. के प्रयोग कर रहा था और फिल्म भी बना रहा था, तब वह हॉलीवुड के

प्रतिष्ठित आर.के.ओ. समूह में अपने निवेश को बढ़ाकर उसे अपने नियंत्रण में लाने की कोशिशों में जुटा हुआ था। याद रहे कि हॉलीवुड में सक्रिय होने के तत्काल बाद ही वह आर.के.ओ. समूह की कंपनियों—आर.के.ओ. पिक्चर्स, आर.के.ओ. स्टूडियो, आर.के.ओ. थिएटर्स (सिनेमा घरों की श्रृंखला), आर.के.ओ. रेडियो नेटवर्क्स (रेडियो स्टेशनों की श्रृंखला) के आंशिक शेयर खरीद चुका था। सन् 1948 में आर.के.ओ. समूह गंभीर आर्थिक संकट से जूझ रहा था। मजदूर संगठनों की मनमानी के चलते समूह की विभिन्न इकाइयों का परिचालन बुरी हालत में चला गया था। ऐसी स्थिति में समूह की मुख्य शेयरधारक कंपनी एटलस कॉरपोरेशन अपनी 25 प्रतिशत हिस्सेदारी बेचकर बाहर निकलने की कोशिशें कर रही थी। ह्यूजेस जूनियर के लिए यह सुनहरा अवसर साबित हुआ था और उसने वह हिस्सेदारी खरीदकर आर.के.ओ. समूह पर अपना नियंत्रण कायम कर लिया था। अगले कुछ वर्षों में उसने अन्य छोटे शेयरधारकों की हिस्सेदारियाँ खरीद ली थीं और वर्ष 1954 के अंत तक कुल 2.40 करोड़ डॉलर लागत पर आर.के.ओ. समूह पर लगभग संपूर्ण स्वामित्व कायम कर लिया था। लेकिन छह माह बाद ही ह्यूजेस जूनियर ने सिर्फ 10 लाख डॉलर के लाभ पर (2.50 करोड़ डॉलर में) उस समूह को बेचकर हॉलीवुड से 25 वर्ष पुराना रिश्ता लगभग तोड़ लेने का ही फैसला कर लिया था। हाँ, उसने खुद बनाई फिल्मों के अधिकार अपने पास रखे थे।

1940 के दशक में ह्यूजेस जूनियर ने ह्यूजेस टूल्स व ह्यूजेस एयरक्राफ्ट की सहायक कंपनियों के रूप में इलेक्ट्रॉनिक्स उद्योग में भी अपने कदम बढ़ा दिए थे। उन इकाइयों ने अमेरिकी सेनाओं के लिए विभिन्न इलेक्ट्रॉनिक उत्पादों के विकास व उत्पादन का काम शुरू किया था। धीरे-धीरे आगे बढ़ता हुआ यह इलेक्ट्रॉनिक्स कारोबार 1950 के दशक के मध्य तक 50 करोड़ डॉलर से ऊपर चला गया था।

इसी दौरान ह्यूजेस जूनियर विविध क्षेत्रों में फैले अपने विशाल कारोबारी साम्राज्य को नियंत्रित करने के लिए एक से दूसरे सिरे तक चक्कर काटता

रहा था। इस बीच वह विश्व के जुआरियों के नगर के रूप में विकसित हो चुके लॉस वेगास की तरफ कुछ ज्यादा ही मोहित होता चला गया था। उसने अब तक न तो कोई मुख्यालय बनाया था और न ही कोई स्थायी निवास। लॉस वेगास में बहुत कम स्थायी निवास करनेवाले लोग थे। वहाँ रहनेवाले बाकी लोग तो पर्यटक भर थे, जो कहीं से कहीं आते-जाते वहाँ जुआ व मौज-मस्ती के लिए रुकते थे। कुल मिलाकर यह आवारा पर्यटकों का शहर था और वहाँ का माहौल ह्यूजेस जूनियर के स्वभाव से मेल खाता था। यही कारण था कि उसने लॉस वेगास और उसके चारों तरफ मुँह-माँगी कीमतों पर एक के बाद कई होटल, जुआघर सहित बड़े भूखंड खरीद लिये थे।

लॉस वेगास में अंतिम समय : लॉस वेगास तक फैलने के बाद हॉवर्ड ह्यूजेस जूनियर का विविधतापूर्ण कारोबारी साम्राज्य अराजकता का शिकार होने लगा था। एक साथ सभी कारोबारों के बिखरने का सिलसिला शुरू हो गया था। इसको सबसे बड़ी वजह वह खुद ही था। अब वह पहले के मुकाबले ज्यादा समय तक गायब रहने लगा था। विभिन्न इकाइयों के मुख्य प्रबंधकों तक को पता नहीं होता था कि वह कहाँ है और कब उपलब्ध होगा। एक के बाद दूसरी परियोजनाएँ सिर्फ इसलिए अधर में लटकनी शुरू हो गई थीं कि वह जरूरी दस्तावेजों पर हस्ताक्षर के लिए भी मौके पर उपलब्ध नहीं हो पा रहा था। प्रमुख ग्राहक नाराज होने लगे थे, क्योंकि वह पहले से निश्चित मुलाकातों के लिए भी उपस्थित नहीं होता था। टी.डब्ल्यू.ए. के कर्मचारियों व हितधारकों द्वारा उसका इतना जबरदस्त विरोध हुआ था कि उसे अपनी हिस्सेदारी बेचनी पड़ी थी। यही हाल आर.के.ओ. समूह का भी हुआ था, जहाँ वह कंपनी अधिकारियों को पर्याप्त फिल्में बनाने की अनुमति ही नहीं दे पा रहा था। इलेक्ट्रॉनिक्स इकाइयों के शीर्ष अधिकारियों ने परेशान होकर त्याग-पत्र देना शुरू कर दिया था। ह्यूजेस टूल्स में भी स्थिति इतनी बिगड़ गई कि नोआह डाइट्रिच ने भी त्याग-पत्र दे दिया, जो पिछले तीन दशकों से अधिक समय से उसका सबसे विश्वसनीय मुख्य कार्यकारी रहा था। डाइट्रिच का जाना ह्यूजेस युग की समाप्ति की घोषणा कर चुका था।

जी हाँ, उसके बाद हॉवर्ड ह्यूजेस जूनियर ने खुद को कैद जैसी सेवानिवृत्ति में डाल लिया था। हालाँकि ह्यूजेस टूल्स, ह्यूजेस एयरक्राफ्ट (जो अब सिर्फ इलेक्ट्रॉनिक्स कंपनी बची थी) सहित विभिन्न कंपनियों में उसकी बहुत बड़ी हिस्सेदारियाँ बची हुई थीं; लेकिन उसने किसी भी कारोबार को नियंत्रित करना बिल्कुल छोड़ दिया था और वेगास व अन्य स्थानों के होटल निवासों में खुद को कैद कर लिया था। याद रहे कि 20 वर्ष की उम्र में सन् 1925 में उसकी एला बोट्स राइस से जो शादी हुई थी, वह चार साल बाद ही टूट गई थी। उसके बाद उसके कई अभिनेत्रियों से नजदीकी संबंध कायम हुए थे। सन् 1947 में जब जीन पीटर्स हॉलीवुड में आई थी तो उसके साथ ह्यूजेस जूनियर के प्रेम-संबंध काफी चर्चा में रहे थे; लेकिन सन् 1954 में पीटर्स ने टेक्सास के तेल-उद्योगपति स्टुअर्ट क्रेमर से शादी रचा ली थी और फिर चार महीने बाद ही तलाक का आवेदन दाखिल कर दिया था। इस तरह एक दशक बाद, जब सन् 1957 में जीन पीटर्स ने हॉवर्ड ह्यूजेस से शादी की थी तो उसका भी हॉलीवुड से नाता टूट गया था और वह भी पति के साथ गुमनाम जिंदगी जीती रही थी। लेकिन एक दशक से अधिक समय तक हॉवर्ड ह्यूजेस के साथ उसके सुरक्षाकर्मियों की निगरानी में रहने के बाद जीन पीटर्स ने खुद को आजाद कर लिया था और सन् 1971 में विधिवत् तलाक लेने के बाद 'ट्वेंटीएथ सेंचुरी फॉक्स' के तत्कालीन शीर्ष पदाधिकारी से शादी रचा ली थी।

5 अप्रैल, 1976 को जब हॉवर्ड ह्यूजेस जूनियर अकापुल्को फैरमॉट प्रिंसेस होटल (मेक्सिको) स्थित निवास से मेथोडिस्ट हॉस्पिटल (ह्यूस्टन, टेक्सास) लाया जा रहा था, तब विमान में ही उसकी मृत्यु हो गई थी। अत्यधिक नशा-सेवन के कारण उसका शरीर इतना बिगड़ चुका था कि नजदीकियों के लिए भी उसके शव की पहचान कर पाना मुश्किल हो रहा था। उसके हाथ से लिखा गया बहुचर्चित वसीयतनामा लंबी अदालती प्रक्रिया के बाद सही पाया गया था। वसीयत के मुताबिक, उसकी कुल 2.5 अरब डॉलर मूल्य की परिसंपत्ति में से 1.56 अरब डॉलर विभिन्न धर्मार्थ संगठनों

(62.50 करोड़ डॉलर हॉवर्ड ह्यूजेस मेडिकल इंस्टीट्यूट को), 47 करोड़ डॉलर उसके कंपनी समूह के शीर्ष पदाधिकारियों को, 15.60 करोड़ चचेरे भाई विलियम लुम्मिस को और 15.60 करोड़ डॉलर में बराबर-बराबर दोनों पूर्व पत्नियों—एला राइस व जीन पीटर्स और बाकी अन्य रिश्तेदारों में बाँटा गया था। उच्चतम न्यायालय ने ह्यूजेस एयरक्राफ्ट पर हॉवर्ड ह्यूजेस मेडिकल इंस्टीट्यूट का स्वामित्व निर्धारित किया था, जिसे सन् 1985 में 5.20 अरब डॉलर में जनरल मोटर्स को बेच दिया गया था और उस राशि से संस्थान का विस्तार किया गया था।

□

अध्याय 6

जीन पॉल गेट्टी : तेल कुआँ खोदकर बना दुनिया का सबसे अमीर

संभवत: हर कोई जानता है कि धरती के अंदर कोयला, लोहा, ताँबा, सोना, हीरा, तेल, यूरेनियम आदि जैसे मूल्यवान् खनिजों का विशाल खजाना दबा हुआ है; लेकिन यह खजाना तब साबित होता है, जब उसे खोदकर जमीन पर लाया जाता है। जी हाँ, यदि ये सभी अमूल्य खनिज जमीन पर पड़े हुए मिलते तो शायद ही कोई पूछता। उनकी पूछ ही इसलिए है कि वे धरती के अंदर छुपे हुए हैं। उन्हें खोजना तो मुश्किल है ही और यदि पता चल भी जाए तो उसे खोदकर बाहर निकालना बहुत ज्यादा मुश्किल काम है। क्या यह हर किसी के बूते में है कि उन्हें बाहर निकाले? बिल्कुल नहीं। इन्हें निकालने में न सिर्फ धन खर्च होता है, बल्कि अटूट लगन व अथक मेहनत की जरूरत पड़ती है। इतना ही नहीं, इन्हें खोजने व निकालने की कोशिश करनेवाले को यह भी पता नहीं होता है कि वह अपने अभियान में सफल होगा भी या नहीं। धरती के नीचे के खजाने को खोजनेवाले इतने जुनूनी होते हैं कि उन्हें इस बात की कतई परवाह नहीं होती है कि वे इस काम में कितना डूब जाएँगे। मतलब खुद को बरबाद कर लेने तक हिम्मत जुटा सकनेवाले लोग ही धरती के अंदर के खजाने के पीछे भागते हैं और चंद सौभाग्यशाली को ही वह खजाना मिल पाता है। बाकी दुनिया को भी इस खजाने का लाभ मिलता है; लेकिन असली हिस्सा तो उस जुआरी को

मिल पाता है, जिसने अपने सर्वस्व लगाया होता है।

इस अध्याय में हम जिस जुनूनी की बात करने वाले हैं, वह तेल के खजाने को खोजकर मालामाल हुआ था। उसे भी हॉवर्ड ह्यूजेस की ही तरह शुरुआती पूँजी के लिए दर-दर भटकना नहीं पड़ा था। उसे अपने तेल-कारोबारी पिता की पूँजी से अपना काम शुरू करने का अवसर मिला था; लेकिन उस व्यक्ति ने लगन व प्रतिभा से कारोबार को उस ऊँचाई तक पहुँचाया कि स्वयं तेल उद्योग की किंवदंती बन गया। जी हाँ, हम अरबपति अमेरिकी उद्यमी जीन पॉल गेट्टी की बात कर रहे हैं। हाँ, ह्यूजेस के रहस्यमय स्वभाव के उलट गेट्टी स्पष्टवादी व मुखर व्यक्ति था। इसके पीछे भी ठोस वजह यह थी कि गेट्टी अपनी सफलता की कहानी दूसरों से साझा करना चाहता है, ताकि उससे उद्यमशील युवाओं को प्रेरणा मिले और वह ज्यादा आसानी से अपनी सफलताओं की सीढ़ियाँ चढ़ सके। इसी उद्देश्य से गेट्टी ने पुरुषों की विश्वव्यापी लोकप्रिय पत्रिका 'प्लेब्वॉय' में योगदान संपादक (कंट्रीब्यूटिंग एडिटर) के रूप में कारोबार व वित्त संबंधी विषयों पर आलेख लिखना शुरू किया था। इतना ही नहीं, अपनी कारोबारी दृष्टि व दर्शन के विश्लेषण के लिए उसने तीन पुस्तकों की भी रचना की थी। असल में, गेट्टी ने युवावस्था में लेखन को अपना पेशा बनाने की कोशिशें की थीं। वह लेखन कला के प्रति भी आजीवन गंभीर रहा था और उसने स्वयं ही सबकुछ लिखा भी था।

तेल-खनन कारोबार में प्रवेश : जीन पॉल गेट्टी का जन्म 15 दिसंबर, 1892 को मिनियापोलिस (मिनिसोटा) में हुआ था। उसके पिता जॉर्ज फ्रैंकलिन गेट्टी (17 अक्तूबर, 1855 से 31 मई, 1930) के जन्म के कुछ ही समय बाद गेट्टी परिवार मेरीलैंड (अल्लेगनी काउंटी) से ओहियो स्थानांतरित हो गया था, जहाँ सन् 1961 में उसके पिता की मृत्यु हो गई थी। चाचा ने पढ़ाई का खर्च देना बंद कर दिया था तो जॉर्ज गेट्टी को बचपन में ही काम शुरू करना पड़ा था। आखिरकार सारा कैथरीन मैकफर्सन रिशर से शादी के बाद जॉर्ज गेट्टी ने मिशिगन यूनिवर्सिटी स्कूल ऑफ लॉ में वकालत की पढ़ाई

पूरी की थी और बार एसोसिएशन में शामिल हुआ था। सन् 1884 में जॉर्ज गेट्टी मिनियापोलिस (मिनिसोटा) में आ बसा था, जहाँ वह बीमा व कंपनी कानून विशेषज्ञ के रूप में प्रतिष्ठित व समृद्ध हुआ था। जॉर्ज व सारा की पहली संतान बेटी थी, जो सन् 1892 में शहर में आई टायफाइड महामारी की शिकार बन गई थी; लेकिन गेट्टी दंपती ने उसी वर्ष पुत्र जीन पॉल गेट्टी को जन्म दिया था।

याद रहे कि सन् 1901 में टुल्सा के दक्षिण-पश्चिम में अरकंसास नदी के तट पर रेड फोर्क इलाके में ओक्लाहोमा के पहले तेल कुएँ की खोज हुई थी और वहाँ तेल-खनन कारोबार में भाग्य आजमानेवालों का जमावड़ा शुरू हो गया था। यहाँ की अंधाधुंध कमाई का आकर्षण इतना अधिक बढ़ गया था कि जॉर्ज गेट्टी के लिए मिनियापोलिस की जमी-जमाई वकालत की संभावना काफी छोटी दिखाई देने लगी थी। चूँकि वह भीषण संघर्ष की आग में तपा हुआ था, इसलिए उसमें व्यावहारिक रूप से काम करने की मानो अनंत क्षमता विकसित हो गई थी, जो स्थापित हो चुकी वकालत की आरामदायक जिंदगी में उपयोग में नहीं आ पा रही थी। ऐसे में, जॉर्ज गेट्टी ने भी तेल कारोबार में भाग्य आजमाने का फैसला किया था। जीन पॉल गेट्टी करीब 10 वर्ष का था, जब सन् 1903 में उसे भी अपने माता-पिता के साथ ओक्लाहोमा के तेल क्षेत्र की पहली बार यात्रा पर जाने का मौका मिला था। साल भर बाद गेट्टी परिवार ओक्लाहोमा स्थानांतरित हो गया था। जॉर्ज गेट्टी में तेल-खोज की अद्‌भुत प्रतिभा थी। उसने मिन्नेहोमा ऑयल कंपनी का गठन कर 43 कुओं की खुदाई शुरू की थी, जिसमें 42 में भारी मात्रा में तेल निकलना शुरू हुआ था। दो वर्षों के भीतर ही इतनी जबरदस्त कमाई हो गई थी कि गेट्टी परिवार ओक्लाहोमा से करीब 1,328 मील दूर सपनों की नगरी के रूप में विकसित हो रहे लॉस एंजिल्स (कैलिफोर्निया) में आ बसा था।

दक्षिणी कैलिफोर्निया विश्वविद्यालय (तब कैलिफोर्निया विश्वविद्यालय, बर्कले) में पढ़ाई पूरी करने के बाद जीन पॉल गेट्टी ने सन् 1913 में

ऑक्सफोर्ड विश्वविद्यालय (इंग्लैंड) में अर्थशास्त्र व राजनीति-विज्ञान द्विवर्षीय प्रमाण-पत्र (डिप्लोमा) हासिल किया था। इस बीच उसने वर्ष 1910 व 1911 में तेल क्षेत्र में खलासी व टूल ड्रेसर के रूप में भारी मेहनतवाला व मूल्यवान् प्रशिक्षण प्राप्त किया था। जीन पॉल गेट्टी की दिली इच्छा अमेरिकी राजनयिक सेवा (यू.एस. डिप्लोमेटिक सर्विस) में जाने की थी। वह अमेरिका वापस लौटने के बाद काफी समय तक इसी दिशा में काम करता रहा था, लेकिन सितंबर 1914 में उसने ओक्लाहोमा में स्वतंत्र तेल कुआँ पूर्वेक्षक (वाइल्डकैटर) के रूप में अपना भाग्य आजमाने का फैसला किया था।

तब ओक्लाहोमा में भी बिल्कुल 'कैलिफोर्निया स्वर्ण दौड़' (सन् 1849) जैसी स्थिति थी; लेकिन यहाँ पर सोना की बजाय तेल निकल रहा था। तब ओक्लाहोमा बहुत ही पिछड़ा क्षेत्र था। पक्की सड़कें नहीं बनी थीं। वसंत व जाड़े में सड़कें मिट्टी व कीचड़ की नदी जैसी लगती थीं तो गरमियों में वे लाल-पीले धूल कणों के बादल से ढँक जाती थीं। जिन प्रतिष्ठानों के बाहर लकड़ी की पटरियों की पगडंडियाँ स्थापित की गई थीं, वे ज्यादा समृद्ध समझी जाती थीं। जहाँ पर जुआघर बने हुए थे, उन्हें नागरिक-सुविधा की दृष्टि से ज्यादा उन्नत समुदाय माना जाता था।

लेकिन वह अमेरिकी तेल उद्योग की तेजी का दौर था। ओक्लाहोमा में हर दिन किसी का सौभाग्य शुरू हो रहा था तो कोई सबकुछ लुटाकर अपने भाग्य को कोस रहा था। ऐसे तेल कुआँ पूर्वेक्षकों की संख्या भी कम नहीं थी, जिनके पैसे तो खत्म हो चुके थे, लेकिन उनकी उम्मीदें खत्म नहीं हुई थीं। वे कहीं से भी पैसे का जुगाड़ कर 100 फीट और अधिक खुदाई कर लेने में जुटे हुए थे। उन्हें तो यही लगता था मानो उसी अंतिम कोशिश में उन्हें तेल मिल जाएगा और और वे भी अचानक धनी बन जाएँगे। यही कारण था कि जो पट्टे (लीज) 100 डॉलर में उपलब्ध हो रहे थे, कई बार अगले ही दिन उनकी कीमतें 100 गुना तक उछल जाती थीं। दूसरी तरफ, जो उन पट्टों को महँगे भाव में खरीदने और फिर खुदाई के परिचालनों में

अपना सबकुछ दाँव पर लगा रहे थे, उन्हें अचानक पता चलता कि उनके पास चंद सूखे सुराखों के अलावा कुछ भी बाकी नहीं बचा रह सका था। ऐसे में सबसे ऊँची कीमतों पर खरीदे गए पट्टे अगले ही कुछ दिनों में मूल्यहीन साबित होते थे।

कुल मिलाकर तेल कुआँ पूर्वेक्षण का कारोबार बेहद खतरनाक व रोमांचक जुआ था, जिस पर आश्चर्यचकित कर देनेवाले बड़े-बड़े दाँव लगाए जा रहे थे और ऐसे सिर चकरा देनेवाले माहौल में जीन पॉल गेट्टी ने बड़ी उम्मीद के साथ उस व्यवसाय में कदम बढ़ाया था। उसके पास अपनी कोई पूँजी नहीं थी। उसने व्यक्तिगत मासिक खर्च के लिए 100 डॉलर निर्धारित किया था। उसका पहला साल बिना किसी लाभ के गुजर गया था। लेकिन बड़े तेल कुओं के मिलने की खबरें नियमित रूप से आ रही थीं, जो नए तेल कुआँ पूर्वेक्षकों के साथ-साथ बड़े उत्पादकों के बहाव को लगातार तेज बना रही थीं। चूँकि अब तक पॉल गेट्टी के हाथ कुछ भी नहीं आ सका था, इसलिए उसे अपने सौभाग्य के दिन आगे के लिए टलते जा रहे नजर आ रहे थे।

लेकिन वर्ष 1915 में पतझड़ के मौसम के अंत में स्टोन ब्लफ (मस्कोगी काउंटी, ओक्लाहोमा) में एक तेल क्षेत्र पट्टे में आधी हिस्सेदारी के लिए सार्वजनिक नीलामी घोषित की गई थी। गेट्टी ने उस तेल क्षेत्र परिसंपत्ति का निरीक्षण किया था और उसे वह संभावनाशील लगा था। लेकिन जब उसे पता चला था कि कई स्वतंत्र परिचालक भी उस तेल क्षेत्र पट्टे को हासिल करने के लिए रुचि ले रहे थे तो उसकी चिंता बढ़ गई थी। उसके अपने निपटान में उतना अधिक धन नहीं था कि वह स्थापित तेल कारोबारियों की ऊँची बोलियों का मुकाबला कर सके। फिर पॉल गेट्टी ने उस पट्टे को हासिल करने के लिए अपने बैंक के साथ मिलकर एक दिलचस्प जुगाड़ बनाया था। उसने बैंक से आग्रह किया था कि बोली में अपने किसी अधिकारी को भेजे, जो उसका नाम उजागर किए बिना उसकी तरफ से बोली लगाए। मस्कोगी में बोली आयोजित की गई थी। वहाँ कई स्वतंत्र परिचालक बोली

लगाने के लिए उतावले-से दिख रहे थे; लेकिन जब बैंक का पदाधिकारी वहाँ पहुँचा था तो उनके उत्साह पर पानी-सा फिर गया था। उन्होंने अनुमान लगाया था कि बैंक का वह अधिकारी किसी बड़ी तेल कंपनी की तरफ से वहाँ आया था, जो कितनी ही बड़ी बोली लगा सकता था। ऐसे में वे पीछे हट गए थे और 500 डॉलर के निचले मूल्य पर ही जीन पॉल गेट्टी की झोली में वह पट्टा आ गया था।

उसके बाद उस जमीन पर परीक्षण कुआँ (टेस्ट वेल) की खुदाई के वित्त-पोषण के लिए एक निगम का गठन हुआ था। चूँकि जीन पॉल गेट्टी के पास निवेश के लिए अपनी कोई पूँजी नहीं थी, इसलिए तेल कुआँ पूर्वेक्षक के नाते उसे निगम में 15 प्रतिशत की हिस्सेदारी दी गई थी। जनवरी 1916 में पॉल गेट्टी खुदाई दल संयोजित कर अपने लोगों के साथ तेल की खोज में जुट गया था। वह तब तक दिन-रात खुदाई स्थल पर ही मौजूद रहा था, जब तक कि खुदाई का काम अंतिम चरण में नहीं पहुँच गया था। इस बीच वह इतना थक गया था कि उसके लिए और ज्यादा समय तक वहाँ रह पाना संभव नहीं था। फिर उसे अचानक टुल्सा भागना पड़ा था, जहाँ जल्द ही उसे खबर मिली थी कि उस कुएँ से प्रतिदिन 720 बैरल तेल का उत्पादन शुरू हो गया था। उसके दो सप्ताह बाद पट्टे की वह संपत्ति तेल उत्पादक कंपनी को बेच दी गई थी और पॉल गेट्टी को 12,000 डॉलर की लाभ-हिस्सेदारी प्राप्त हुई थी। वैसे तो, दूसरों के मुकाबले यह रकम बहुत प्रभावशाली नहीं थी, लेकिन इससे यह तय हो गया था कि जीन पॉल गेट्टी को तेल कुआँ पूर्वेक्षक के रूप में इस धंधे में आगे बने रहना चाहिए।

गेट्टी ऑयल कंपनी का गठन : इस धंधे में आने से पहले जीन पॉल गेट्टी व उसके पिता ने एक साझेदारी कंपनी का गठन किया था। उसकी शर्त यह थी कि गेट्टी द्वारा शुरू व संचालित किए गए किसी भी तेल-खोज व खुदाई अभियान में उसका पिता वित्त-पोषण करेगा। इसके बदले में उसके पिता को 70 प्रतिशत लाभांश मिलेगा और उसे बाकी 30 प्रतिशत। पहली सफलता मिलने के बाद मई 1916 में उन्होंने 'गेट्टी ऑयल कंपनी' का

गठन किया, जिसमें जीन पॉल गेट्टी को 30 प्रतिशत हिस्सेदारी दी गई थी।

रोचक तथ्य यह है कि पिता-पुत्र के इस कारोबारी संबंध को लेकर कई हवाई बातें प्रकाशित हुई थीं, जिनमें से कुछ में दावा किया गया था कि जॉर्ज फ्रैंकलिन गेट्टी ने नकद उपहार देकर अपने पुत्र के लिए कंपनी स्थापित की थी, लेकिन जीन पॉल गेट्टी ने बाद में ऐसे अनुमानों को सरासर गलत ठहराया था। उसने लिखा था कि उसके पिता इस विचार के सख्त खिलाफ थे कि एक सफल व्यक्ति के बेटे को, जो स्वयं इतना बड़ा हो कि अपना जीवन-यापन कर सके, जरूरत से अधिक लाड़-प्यार किया जाए, बिगाड़ा जाए या उपहार के रूप में धन दिया जाए। उसने स्पष्ट किया था कि शुरुआत में उसके पिता ने कुछ परियोजनाओं का वित्त-पोषण जरूर किया था, लेकिन वह भी 70 व 30 प्रतिशत हिस्सेदारियों के तहत ही था। जहाँ तक उसकी अन्य व्यक्तिगत परियोजनाओं का सवाल है, उसने खुद ही अपनी कमाई से उनका वित्त-पोषण किया था और उनके लाभ भी उसके पास रहे थे।

जीन पॉल गेट्टी ने इस अफवाह को भी सिरे से खारिज किया था कि सन् 1930 में पिता की मृत्यु के बाद उसे विरासत के रूप में बहुत बड़ी संपत्ति मिली थी। असलियत यह थी कि जॉर्ज फ्रैंकलिन गेट्टी ने वसीयत में सिर्फ 5 लाख डॉलर की राशि अपने पुत्र के नाम की थी, जो उसकी कुल संपत्ति का बहुत छोटा सा हिस्सा थी। जॉर्ज फ्रैंकलिन गेट्टी को बहुत अच्छी तरह से पता था कि उसका बेटा तब तक स्वयं ही कई लाख डॉलर अर्जित कर चुका था, इसलिए उसने बस निशानी के तौर उसे 5 लाख डॉलर ही दिए थे और अपनी सारी संपत्ति अपनी पत्नी के नाम कर दी थी।

खैर, पिता के साथ साझेदारी में कंपनी गठित करने के तुरंत बाद ही जीन पॉल गेट्टी ने तेल कुआँ पूर्वेक्षण व खुदाई के काम को तेज कर दिया था। दूसरा कुआँ सूखा निकला था; लेकिन उसके उत्साह में कोई कमी नहीं आई थी। मानो यह काम उसके खून में बस गया था और उसने तेल क्षेत्र पट्टे की खरीद, बिक्री व खुदाई के काम को जारी रखा था। वह आमतौर

पर स्वयं ही अपना भूगर्भशास्त्री था, कानूनी सलाहकार था, खुदाई पर्यवेक्षक था, विस्फोटक विशेषज्ञ था और जरूरत पड़ने पर श्रमिक भी। गुजरते हुए महीने उसके लिए सबसे अधिक सौभाग्यशाली साबित हुए थे। उसने जो तेल क्षेत्र पट्टे खरीदे थे, उनमें से अधिकांश बेहतर कीमतों पर बिके थे। साथ ही उसने जिन परिसंपत्तियों पर खुदाइयाँ शुरू की थीं, उनमें से लगभग हरेक में से ही तेल निकल आया था।

ऐसा लग रहा था मानो जीन पॉल गेट्टी की सफलताओं के पीछे कोई जादुई सूत्र काम कर रहा था; लेकिन सच्चाई तो यही थी कि वह भी लगभग उसी प्रकार से काम कर रहा था जैसे कि अन्य तेल कुआँ पूर्वेक्षक हों, एक अंतर जरूर था। उन दिनों पेट्रोल के भूगर्भ-शास्त्र (जियोलॉजी) को तेल क्षेत्रों में पूर्ण स्वीकृति नहीं मिली थी। कुछ तेल कारोबारी यह जरूर मानते थे कि भूगर्भ-शास्त्र का अध्ययन करनेवाले उनकी मदद कर सकते हैं, जबकि अधिकतर परिचालक विकसित हो रहे भूगर्भ-शास्त्र को विज्ञान मानने को ही तैयार नहीं थे। जीन पॉल गेट्टी उन चंद तेल-खोजी कारोबारियों में था, जिन्हें भूगर्भ-शास्त्र पर पूरा भरोसा था। उसे जब भी मौका लगता था, इस विषय पर उपलब्ध सामग्रियों का गंभीरता से अध्ययन करता था और अपने परिचालनों में उन जानकारियों का प्रायोगिक परीक्षण भी करता था।

हर स्वतंत्र परिचालक में एक निश्चित मात्रा में तेल क्षेत्र संबंधी आधारभूत जानकारियों व कुशलता का होना जरूरी था। हर किसी को अपने खोजी व खुदाई दलों में भरोसेमंद, निष्ठावान् व अनुभवी लोगों की जरूरत पड़ती थी; लेकिन जीन पॉल गेट्टी का मानना था कि तेल क्षेत्र की खोज व खुदाई में सफल होने के लिए इन चीजों के अलावा जो सबसे महत्त्वपूर्ण गुणक था, वह था व्यक्ति विशेष का भाग्य। कोई भी तेल कुआँ पूर्वेक्षक सफल होगा या असफल, उसके द्वारा की जा रही खुदाई में तेल निकलेगा या फिर उसे सूखे कुएँ के साथ संतोष करना पड़ेगा, यह सबकुछ उसके भाग्य पर निर्भर करता था। वैसे तो ओक्लाहोमा के अग्रणी अरबपति तेल उद्यमी थिओडोर न्यूटन बर्न्सडाल 'भाग्य' के गुणक को सिरे से खारिज करते रहे

थे। वे बहुत जोर देकर पाने के सिद्धांत का बखान करते थे, ''यह भाग्य नहीं है। एक व्यक्ति के पास तेल को सूँघ पाने की नाक होती है या फिर नहीं। यदि उसके पास होती है तो वह 3,000 फीट नीचे की वस्तु को भी सूँघ सकता है!'' लेकिन जीन पॉल गेट्टी को शक था कि उसमें ऐसा कोई गुण था। तेल क्षेत्रों में घूमते हुए उसे कभी भी तेल की गंध महसूस नहीं हुई थी और वह अपनी शुरुआती सफलताओं को विशुद्ध रूप से 'भाग्य' ही मानता रहा था।

हाँ, इसका मतलब यह नहीं था कि तेल कुआँ पूर्वेक्षक को कुछ करने की जरूरत नहीं पड़ती थी और वे सिर्फ अपने सौभाग्य-चक्र के घूमने तथा लाभ की फसल काटने का इंतजार ही करते रहते थे। जीन पॉल गेट्टी ने बहुत साफ शब्दों में कहा था कि तेल कारोबार कभी भी आसान नहीं रहा। इसमें हमेशा से ही कठोर परिश्रम की जरूरत पड़ती रही थी और यह हमेशा ही विशेष रूप से शुरुआती दौर में, वित्तीय नुकसान के असंख्य गड्ढों से भरा हुआ रहा था। कभी-कभी विस्फोट के कारण कुओं के साथ-साथ लाभ की उम्मीदें भी तबाह हो जाती थीं। अधिकतर घटनाओं में वह उद्यमियों की सारी पूँजी को उड़ा जाती थीं। इतना ही नहीं, जब कुओं से तेल का उत्पादन शुरू भी हो जाता था तो भी उनमें आग लग जाने की आशंका हमेशा ही बनी रहती थी। कुओं का सूखा साबित होना, नाजुक मोड़ पर उपकरणों की विफलताओं के कारण अचानक कार्यबंदी की स्थिति आ जाना, पट्टा संबंधी विवादों व मुकदमेबाजी में उलझ जाना आदि ऐसी बहुत सी समस्याएँ थीं, जो स्वतंत्र परिचालकों के आर्थिक संसाधनों को खतरे के निशान से भी काफी नीचे तक बहा देती थीं।

इसके अलावा, जीन पॉल गेट्टी जैसे छोटे परिचालकों को प्रमुख तेल प्रतिष्ठानों की प्रतिस्पर्धा व विरोध का भी सामना करना पड़ता था। कुछ बड़ी कंपनियाँ स्थानीय कानून को नहीं मानती थीं और उभर रहे स्वतंत्र परिचालकों को आर्थिक संकट में डालने के लिए बेवजह कानूनी विवादों में उलझाने की कोशिशें करती थीं; लेकिन गेट्टी जैसे तेल कुआँ पूर्वेक्षकों

ने बड़ी कंपनियों से मुकाबला करते हुए खुद को धंधे में बनाए रखने के लिए कुछ विशेषताएँ व तरीके विकसित कर लिये थे। वे बेहद लचीले (फ्लेक्सिबल), अनुकूलनीय (एडॉप्टेबल) व बहुमुखी (वर्सटाइल) हो गए थे। इसी कारण वे अपने परिचालनों में बहुत ही कम समय में जरूरी सुधार और नवाचारों को लागू कर सकते थे; लेकिन बड़ी कंपनियों के लिए ऐसा कर पाना संभव नहीं था। बड़ी कंपनियों ने बहुत बड़ी संख्या में विशेषज्ञों, सलाहकारों, प्रबंधन पदाधिकारियों व कार्यालय कर्मियों को नियुक्त किया हुआ था, जो बहुत ही खर्चीले कार्यालय में काम करते थे। इसके उलट, स्वतंत्र परिचालक अपने खोजी व खुदाई दल के वरिष्ठ तेल-क्षेत्र कर्मियों में से ही अनुभवी विशेषज्ञों को ढूँढ़ निकालते थे, जो सामने आनेवाली छोटी से बड़ी समस्याओं तक को मुफ्त में ही सुलझा देने के लिए तत्पर होते थे। इसके अलावा, चूँकि स्वतंत्र परिचालक स्वयं ही अपना प्रबंधन व दस्तावेजी कार्य सँभालते थे, वे कीचड़ से सनी अपनी मोटरगाड़ियों को खुद चलाकर विभिन्न खुदाई स्थलों की यात्रा करते रहते थे और हर जरूरी समस्या को सुलझाने के लिए खुद ही अपने कर्मियों के बीच मौजूद रहते थे। इसलिए उनकी परिचालन लागत भी बड़ी कंपनियों के मुकाबले काफी कम बैठती थी।

इस तरह, गेट्टी ऑयल कंपनी का कारोबार लगातार बढ़ता गया था। अब निदेशक मंडल ने इस सफलता के लिए जीन पॉल गेट्टी को पदोन्नत कर निदेशक बनाने के साथ-साथ सचिव भी नियुक्त किया था; लेकिन इसका मतलब यह नहीं था कि अब वह कारोबारी सूट पहनकर शानदार कार्यालय से कंपनी संचालित करने लगा हो। चाहे पद जो हो गया हो, जीन पॉल गेट्टी पहले की तरह तेल क्षेत्र पट्टे की खरीद-बिक्री करता रहा था और खुदाई स्थलों पर जाकर काम की देखभाल में जुटा रहता था। ज्यों-ज्यों कंपनी का लाभ बढ़ रहा था, उसका 30 प्रतिशत हिस्सा जीन पॉल गेट्टी के पास भी आ रहा था। उसने अपनी पूँजी को व्यक्तिगत उद्यमों में लगाना शुरू कर दिया था। इस तरह उसकी व्यस्तता लगातार बढ़ती चली गई थी और सफलताएँ भी।

कुछ वर्षों के लिए सेवानिवृत्ति : सितंबर 1917 में जब उसे तेल कारोबार में आए तीन वर्ष पूरे हुए थे, तब उसकी आयु 24 वर्ष होने वाली थी। अब तक उसकी कुल व्यक्तिगत कमाई 10 लाख डॉलर से ऊपर पहुँच गई थी। वह एक स्वतंत्र परिचालक के रूप में अमेरिकी तेल उद्योग में खुद को स्थापित कर चुका था। अब उसकी अपनी निजी जरूरतों व भविष्य के सपनों को पूरा कर सकने के लिए काफी धन इकट्ठा हो चुका था। पिछले तीन वर्षों से उसे अपने बारे में कुछ भी सोच सकने का मौका नहीं मिला था। लगातार मेहनत के चलते थकान इतनी बढ़ चुकी थी कि अब उसमें ज्यादा कुछ करने की हिम्मत जवाब देने लगी थी। इसलिए, एक दिन उसने अचानक फैसला कर लिया था कि अब वह काम नहीं करेगा और सारा समय आराम व मौज-मस्ती में खर्च करेगा।

इस बीच जुलाई 1914 में शुरू हुआ प्रथम विश्वयुद्ध अपने चरम पर पहुँचने लगा था। वैसे तो अभी तक अमेरिका उस युद्ध में शामिल नहीं हुआ था, लेकिन उसकी तैयारियाँ तेज हो चुकी थीं। जीन पॉल गेट्टी का अनुमान था कि अमेरिका जरूर युद्ध में कूदेगा। वह पहले ही आधिकारिक आवेदन कर चुका था कि जब कभी भी अमेरिका युद्ध में हिस्सा लेगा तो वह अपनी सेवाएँ देगा। उसने अपनी पहली पसंद वायुसेना को बताया था और दूसरी फील्ड आर्टिलरी को। ऐसे में, जब तक सेना का बुलावा आने वाला था, तब तक वह अपना पूरा समय आराम करने में बिताना चाहता था।

वह अपने माता-पिता के साथ सन् 1906 से लॉस एंजिल्स में रहता आया था और ऑक्सफोर्ड जाने से पहले तक उसकी विद्यालय व महाविद्यालय की शिक्षा पूरी हुई थी। हॉलीवुड के सिनेमाई माहौलवाला वह नगर उसे बहुत पसंद आता था, जहाँ मौज-मस्ती के भरपूर साधन उपलब्ध थे। इसलिए एक दिन अचानक वह ओक्लाहोमा से लॉस एंजिल्स आ धमका था। जीन पॉल गेट्टी ने अपने एक आलेख में बताया है कि उसका अचानक काम से भागकर आराम करने का फैसला न तो पिता को अच्छा लगा था और न माता को। इसकी वजह यह थी कि दोनों ने अपने जीवन में कठोर मेहनत

की थी। जब जॉर्ज फ्रैंकलिन गेट्टी कानून की पढ़ाई कर रहा था तो सारा गेट्टी विद्यालय शिक्षिका के रूप में काम कर उसका खर्च उठा रही थी। दोनों यह मानते थे कि व्यक्ति विशेष को अपने अस्तित्व का औचित्य साबित करने के लिए काम करना चाहिए और एक कारोबारी को अपने अस्तित्व का औचित्य साबित करने के लिए धन को काम में लगाना चाहिए। इसीलिए, जीन पॉल गेट्टी को पिता ने समझाने की बहुत कोशिश की थी कि उसे अपनी जमा-पूँजी को लगातार कारोबार में निवेश करते रहना चाहिए। उन्होंने समझाया था कि उसका धन कारोबार की रचना, परिचालन व निर्माण के लिए है; उसका धन अनगिनत लोगों के रोजगार का प्रतिनिधित्व करता है; उसका धन उसके साथ-साथ बहुत से लोगों के लिए धन व बेहतर जिंदगी पैदा कर सकता है।

लेकिन तब जीन पॉल गेट्टी को पिता की बातें समझ नहीं आई थीं। उसने उन्हें अनसुना कर दिया था और अपनी जिंदगी को अपने तरीके से जीने की कोशिश शुरू की थी। उसने अपने लिए महँगे कपड़े खरीदे थे, शेवरले की नई शानदार कार 'कैडिलक' ले आया था; खर्च करने के लिए काफी नकदी भी निकाल ली थी और लॉस एंजिल्स की मौज-मस्ती में खो गया था। वैसे तो अमेरिका प्रथम विश्वयुद्ध में कूद चुका था, लेकिन सेना में उसकी भरती को पहले टाल दिया गया था और बाद में उसकी जरूरत को स्थायी तौर नकार दिया गया था; क्योंकि नवंबर 1918 में युद्धबंदी की घोषणा हो चुकी थी। इस तरह, जीन पॉल गेट्टी ने प्रथम विश्वयुद्ध के अंतिम दो वर्ष सेना में सेवा देने के मौके के इंतजार में मौज-मस्ती में बिता दिए थे। अब तक उसकी कारोबारी थकान मिट चुकी थी और वह मौज-मस्ती से भी ऊबने लगा था। अब पिता की बातें उसकी समझ में आने लगी थीं कि व्यक्ति को अपने अस्तित्व का औचित्य साबित करने के लिए लगातार काम करते रहना चाहिए था। इस तरह, 15 दिसंबर, 1918 को अपना 26वाँ जन्मदिन मनाने के बाद उसने फिर से तेल कारोबार में वापस जाने का फैसला कर लिया था।

दूसरी पारी दक्षिण कैलिफोर्निया में : लेकिन पिछले दो वर्षों में जब एक तरफ ओक्लाहोमा का तेल कारोबार अपनी संतृप्ति के स्तर को प्राप्त कर रहा था तो दूसरी ओर दक्षिण कैलिफोर्निया में तेल क्षेत्रों की खोज व तेल उत्पादन की गतिविधियाँ तेज होने लगी थीं। कुल मिलाकर वहाँ पर 'कैलिफोर्निया तेल दौड़' का माहौल बनना शुरू हो चुका था। ऐसे में, जीन पॉल गेट्टी ने ओक्लाहोमा की बजाय दक्षिण कैलिफोर्निया में ही अपना भाग्य आजमाने का फैसला किया था।

असल में सन् 1858 में एडविन ड्रेक ने अमेरिका के पेनसिल्वेनिया क्षेत्र में अमेरिका का पहला तेल कुआँ खोदने तथा तेल उत्पादन शुरू करने में सफलता प्राप्त की थी। सात वर्षों बाद सन् 1865 में उसकी यूनियन मट्टोली कंपनी ने लॉस एंजिल्स से 2,030 मील दूर मट्टोली घाटी (हंबोल्ट काउंटी, कैलिफोर्निया) में पहले तेल कुएँ की खुदाई की थी और तेल उत्पादन भी शुरू किया था। वैसे तो सन् 1849 की 'कैलिफोर्निया स्वर्ण दौड़' के बाद कैलिफोर्निया की आबादी में 375 प्रतिशत की बढ़त हुई थी और वहाँ तेल की माँग भी तेजी से बढ़ रही थी, लेकिन एडविन ड्रेक को उम्मीद के मुताबिक वहाँ पर भी पेनसिल्वेनिया जैसी सफलता को दोहराने का मौका नहीं लगा था। उसके बाद कई और कंपनियों ने कैलिफोर्निया में तेल संभावनाओं की खोज शुरू की थी; लेकिन राज्य में तेल उत्पादन में तेजी तब आई थी, जब सन् 1890 में 'लॉस एंजिल्स सिटी ऑयल फील्ड' (लॉस एंजिल्स नगर केंद्र के उत्तर में बड़ा तेल क्षेत्र) का पता चला था। वर्ष 1900 में कैलिफोर्निया का कुल तेल उत्पादन 40 लाख बैरल के स्तर पर था, जो धीरे-धीरे बढ़ता हुआ 1920 में 7.70 करोड़ बैरल के स्तर पर पहुँचने वाला था।

इस तरह सन् 1919 में जब जीन पॉल गेट्टी दुबारा अपना तेल कारोबार शुरू करने जा रहा था, उससे पहले ही अधिकांश तेल कारोबारियों का ध्यान ओक्लाहोमा से दक्षिण कैलिफोर्निया में स्थानांतरित हो चुका था। इस बार उसने अपने धन से लॉस एंजिल्स नगर केंद्र से करीब 20 मील पूर्व में स्थित

तेल क्षेत्र डिडिएर फार्म (लॉस एंजिल्स काउंटी में ला पुएंटे के नजदीक) में पहला पट्टा खरीदा था और खुदाई शुरू की थी; लेकिन वह संभावित तेल-कुआँ सूखा निकला था। ओक्लाहोमा जो भाग्य उसका साथ दे रहा था, वह भी मानो थोड़े समय के लिए छुट्टियों पर चला गया था। लेकिन वह घबराया नहीं था, बल्कि अपने उत्साह को बनाए रखकर अन्य कोशिशों में जुटा रहा था, जो क्रमशः सफल होती चली गई थीं। उसने लॉस एंजिल्स काउंटी के सांता फे स्प्रिंग्स व लॉन्ग बीच सहित दक्षिण कैलिफोर्निया के अन्य तेल क्षेत्रों में कई कुएँ खोदे थे, जिनमें से अधिकांश सफल रहे थे। उनमें से कुछ कुओं में तो काफी मात्रा में तेल निकला था।

जीन पॉल गेट्टी ओक्लाहोमा की अपनी पुरानी आदत को कायम रखते हुए अपना अधिकांश समय तेल क्षेत्रों में अपने खुदाई दल के साथ ही बिताता रहा था। ओक्लाहोमा की तरह ही इसका नतीजा लाभकारी साबित हुआ था। निदेशक को अपने बीच पाकर खुदाई दल का हौसला बुलंद था, क्योंकि उनकी हर समस्या तत्काल सुलझा दी जा रही थी। वे लोग खुद को उस परियोजना का साझीदार मानकर पूरे मन से काम कर रहे थे। लेकिन उसे अपने कर्मियों के बीच रहने का सबसे बड़ा फायदा यह मिला था कि उस समय दक्षिण कैलिफोर्निया के तेल क्षेत्रों में खुदाई कर्मियों की भारी माँग के बावजूद वह अपने खुदाई दलों के अधिकांश सदस्यों को अपने साथ बनाए रखने और अपनी सभी परियोजनाओं को बिना किसी रुकावट के चालू रख पाने में सफल रहा था।

1920 के दशक में जीन पॉल गेट्टी को सबसे बड़ी सफलता लॉस एंजिल्स के दक्षिण में स्थित एथेंस फील्ड में मिली थी। उसने 12 हजार डॉलर में एक तेल क्षेत्र खरीदा था। चूँकि वह पूरी तरह अपनी पूँजी पर निर्भर था और उसे पता था कि पहले कुएँ की खुदाई पूरी होने तक उसकी नकदी खत्म हो जाएगी, इसलिए उसने स्वयं को ही खुदाई प्रबंधक की भूमिका में रखा था। उसने अपने खुदाई दल में विशेष रूप से अमेरिका के तीन बेहतरीन खुदाई कर्मियों—वाल्टर फिलिप्स, ऑस्कर प्रोवेल व स्पॉट

मैकमुरडो को भी भरती किया था। 16 फरवरी, 1925 को 4,350 फीट की गहराई पर तेल मिल गया था। शुरू में उस कुएँ से प्रतिदिन 1,500 बैरल तेल का उत्पादन हो रहा था। जल्द ही उसने उस स्थल पर दूसरा सफल कुआँ भी खोद लिया था, जिसका उत्पादन 2,000 बैरल प्रतिदिन था। अगले नौ वर्षों में इन दो कुओं से जीन पॉल गेट्टी को सभी लागत समायोजित करने के बाद 4 लाख डॉलर से अधिक का शुद्ध लाभ कमाने का मौका मिला था।

जीन पॉल गेट्टी को इससे भी बड़ी सफलता अक्तूबर 1926 में मिली थी, जब उसने 'क्लीवर लीज' (अलामीटोस हाइट्स, लॉन्ग बीच, लॉस एंजिल्स से करीब 22 मील दक्षिण में) में लगभग दोगुनी कीमत 8,000 डॉलर में तेल क्षेत्र पट्टा खरीदा था। असल में, जिस व्यक्ति ने तुरंत लाभ के लिए वह पट्टा बेचा था, उसने कुछ दिन पहले उसे सिर्फ 4,000 डॉलर में खरीदा था। करीब चार महीने बाद ही 21 फरवरी, 1927 को गेट्टी ने वहाँ पहला कुआँ खोद लिया था और फिर जल्द ही लगातार तीन और कुएँ भी। सभी में भारी मात्रा में तेल निकला था और चारों कुओं से प्रतिदिन कुल 17,000 बैरल तेल का उत्पादन शुरू हो गया था। जी हाँ, वर्ष 1927 से 1939 के बीच गेट्टी ने 'क्लीवर लीज' से 8 लाख डॉलर का शुद्ध लाभ (मूल निवेश पर 10,000 प्रतिशत लाभ) अर्जित किया था।

लेकिन इस कमाई को हासिल कर पाना आसान नहीं रहा था। ज्यों ही वहाँ का उत्पादन 5,100 बैरल प्रतिदिन के स्तर पर पहुँचा था, स्वाभाविक रूप से गेट्टी ने कच्चे तेल के खरीदार को ढूँढ़ना शुरू किया था; लेकिन उसकी बेचैनी तब लगातार बढ़ती चली गई थी, जब एक के बाद दूसरी तेल-शोधक कंपनियों ने उसके कच्चे तेल को खरीदने से मना कर दिया था। जल्द ही गेट्टी को इस मनाही के पीछे के असल उद्देश्य का पता चल गया था, जब दलालों ने उसके सामने 'क्लीवर लीज' पट्टे को बहुत कम कीमतों पर खरीदना शुरू कर दिया था। हालाँकि दलालों ने असल खरीदार कंपनियों के नाम नहीं बताए थे, लेकिन गेट्टी को समझते देर नहीं लगी थी कि उनके पीछे वही कंपनियाँ थीं, जिन्होंने उसका कच्चा

तेल खरीदने से मना कर दिया था। ऐसे में, जब गेट्टी ने 5,100 बैरल प्रतिदिन के हिसाब से निकल रहे अपने कच्चे तेल के भंडारण का विकल्प खोजना शुरू किया था तो उसे पता चला था कि लॉस एंजिल्स क्षेत्र में बंद हो चुके एक तेल-शोधक कारखाने में कुल 1.55 लाख बैरल की भंडारण क्षमतावाली दो भंडारण टंकियाँ उपलब्ध हैं। गेट्टी ने तत्काल उन टंकियों का पट्टा कर लिया था। वह अभी खरीदार को ढूँढ़ ही रहा था कि दूसरे कुएँ से प्रतिदिन 5,000 बैरल, तीसरे कुएँ से प्रतिदिन 5,100 बैरल और चौथे कुएँ से प्रतिदिन 2,100 बैरल कच्चे तेल का उत्पादन शुरू होने लगा था।, इस तरह प्रतिदिन कुल 17,300 बैरल कच्चे तेल ने तेजी से उन दो भंडारण टंकियों को भरना शुरू कर दिया था।

लेकिन तब भी गेट्टी किसी खरीदार को ढूँढ़ नहीं सका था। इस तरह चार सफल कुओं से भारी तेल उत्पादन के बावजूद उसे कोई नकद आमदनी नहीं हो पा रही थी। साफ है कि गेट्टी की कार्यशील नकदी का खजाना तेजी से खाली होने लगा था, जो चार कुओं की खुदाई लागत के चलते पहले ही भारी दबाव में आ चुका था। टंकियों के पट्टे की लागत के अलावा गेट्टी को वहाँ तक तेल पहुँचाने के लिए ट्रकों का भाड़ा अलग से भरना पड़ रहा था। यह गेट्टी के कारोबारी जीवन का सबसे तनावपूर्ण समय था। ऐसे में उसने सबसे बड़ी तेल कंपनियों में से एक शेल ऑयल कंपनी को आड़े हाथों लेने का हौसला जुटाया था। उसके अध्यक्ष लॉस एंजिल्स के दौरे पर थे। जब गेट्टी ने उनसे मुलाकात का समय माँगा था तो वह फौरन तैयार हो गए थे। मुलाकात के दौरान गेट्टी ने उन्हें जमकर खरी-खोटी सुनाई थी; लेकिन अध्यक्ष ने यह स्वीकार करने से साफ मना कर दिया था कि शेल ऑयल उसका बहिष्कार करनेवाली कंपनियों में शामिल थी। अपने वचन का सबूत देते हुए अध्यक्ष ने शेल ऑयल की तरफ से गेट्टी ऑयल से 17.50 लाख बैरल कच्चा तेल खरीदने का पहला तात्कालिक आदेश जारी कर दिया था। इतना ही नहीं, अध्यक्ष ने गेट्टी को आश्वस्त किया था कि जल्द ही 'क्लीवर लीज' तक पाइपलाइन बिछाकर उसे सीधे

शेल ऑयल के मुख्य आपूर्ति नेटवर्क से जोड़ दिया जाएगा। रोचक तथ्य यह है कि अगले ही दिन शेल ऑयल ने उस पाइपलाइन को बिछाने का काम शुरू कर दिया था और इस तरह गेट्टी ने अपने खिलाफ चल रही बहिष्कार की साजिश को विफल कर दिया था।

महामंदी व पिता की मृत्यु : 29 अक्तूबर, 1929 (काला मंगलवार) को विश्व के सबसे बड़े पूँजी बाजार वॉल स्ट्रीट में ऐतिहासिक गिरावट के साथ ही विश्व महामंदी का दौर शुरू हो चुका था। यह अगले करीब एक दशक के लिए अमेरिका सहित विश्व भर की तमाम अर्थव्यवस्थाओं को अपनी चपेट में रखनेवाला साबित हुआ था। अभी यह सिलसिला तेज ही हो रहा था कि 75 वर्ष का जॉर्ज फ्रैंकलिन गेट्टी मस्तिष्क आघात का शिकार हो गया था। वह कुछ सप्ताहों तक मौत से जूझता रहा था; लेकिन 31 मई, 1930 को उसकी साँसों की डोर टूट गई थी। जीन पॉल गेट्टी व उसकी माँ को शोक मनाने का भी पर्याप्त समय नहीं मिल सका था, क्योंकि उन्हें जॉर्ज फ्रैंकलिन गेट्टी के विरासती कारोबार एवं कंपनियों के परिचालन को सँभालना था; ऊपर से अमेरिका की संघीय सरकार की तरफ से जॉर्ज फ्रैंकलिन गेट्टी की परिसंपत्ति पर उत्तराधिकार कर (इनहेरिटेंस टैक्स) को जल्द-से-जल्द चुकता करने का सूचना-पत्र भी आ चुका था। लगातार गहराती जा रही महामंदी, उत्पन्न हुए आर्थिक संकट—ये सभी मसले बहुत ज्यादा उलझ गए थे, जिन्हें तत्काल सुलझाना बहुत जरूरी था। ऐसे में नजदीकियों ने गेट्टी को अपने पिता की सारी संपत्ति को निबटा लेने की सलाह दी थी। आनेवाले समय में महामंदी के संकट के लगातार बढ़ते जाने की आशंका व्यक्त करते हुए कइयों ने उसे अपनी कंपनियों को भी बेच देने की सलाह दे डाली थी।

लेकिन जीन पॉल गेट्टी काफी पढ़ा-लिखा व दूरदर्शी कारोबारी था। वह बखूबी जानता था कि अमेरिकी अर्थव्यवस्था अचानक कमजोर नहीं हो गई थी और शेयर बाजारों में आई भारी गिरावट के कारण अचानक थम-सी गई आर्थिक गतिविधियाँ धीरे-धीरे ही सही, दुबारा से पटरी पर

जरूर लौटेंगी। उसने सटीक अनुमान लगाया था कि महामंदी के चलते हवाई वित्तीय गतिविधियाँ खत्म हो जाएँगी और अर्थव्यवस्था पहले के मुकाबले ज्यादा ठोस आधार पर उछलकर सामने आएगी। इसलिए गेट्टी ने तमाम आशंकाओं को झटककर कारोबार में न केवल बने रहने का, बल्कि उसे आगे बढ़ाते जाने का भी दृढ निश्चय कर लिया था।

टाइड वाटर का क्रमशः अधिग्रहण : यह तेल कारोबार में दूरगामी निवेश के लिए सबसे अच्छा समय था, जब तेल कंपनियों के शेयरों की कीमतें सभी समय के न्यूनतम स्तरों पर औंधे मुँह गिरी हुई थीं। जीन पॉल गेट्टी को यह समझते देर नहीं लगी थी कि यही वह ऐतिहासिक अवसर था, जब वह बहुत ही कम लागत में संबंधित परिचालनों—खोज, उत्पादन, परिशोधन व वितरण को संगठित कर सकता था। इतना ही नहीं, गेट्टी ने तेल परिवहन व खुदरा बिक्री नेटवर्क को भी अपने नियंत्रण में लाने का फैसला कर लिया था। जी हाँ, अब जीन पॉल गेट्टी के निशाने पर अमेरिका की सात सबसे बड़ी एकीकृत तेल कंपनियाँ आ गई थीं और वह उनमें से सबसे सस्ती कंपनी को अधिगृहीत करने की तैयारियों में जुट गया था। इस सूची में सबसे ऊपर थी स्टैंडर्ड ऑयल कंपनी ऑफ कैलिफोर्निया, जो इतनी बड़ी थी कि उसे खरीदने का सोचना व सँभालना गेट्टी के बूते से बाहर की बात थी। यही स्थति दूसरे स्थान पर काबिज शेल ऑयल कंपनी की भी थी। अगली संभावना यूनियन ऑयल कंपनी थी; लेकिन उसके पास स्वयं के कच्चे तेल के स्रोत मौजूद थे। वैसे तो जनरल पेट्रोलियम कंपनी के सभी परिचालन लगभग बंद-से हो चुके थे, लेकिन उसके शेयर बिक्री के लिए उपलब्ध नहीं थे। तमाम मुकदमों में उलझी हुई रिचफील्ड ऑयल सरकारी अमानतदारी (रिसीवरशिप) में जा चुकी थी। टेक्सास ऑयल कंपनी के पास भी अपने कच्चे तेल के स्रोत थे।

तो गेट्टी की नजर सातवीं कंपनी टाइड वाटर एसोसिएटेड ऑयल कंपनी पर जा टिकी थी, जो तेलशोधक इकाइयों (रिफाइनरी) की स्थापित क्षमता का आधा कच्चा तेल ही अपने स्रोतों से प्राप्त कर पा रही थी;

लेकिन उसके पास अच्छा विपणन संगठन (मार्केटिंग ऑर्गेनाइजेशन) था और उपभोक्ताओं के बीच उसके उत्पादों की अच्छी साख भी थी। इस तरह यह गेट्टी के अधिग्रहण के लिए सबसे तार्किक कंपनी थी, जो उसकी कंपनियों—जॉर्ज एफ. गेट्टी इनकॉरपोरेशन और पेसिफिक वेस्टर्न ऑयल कंपनी द्वारा उत्पादित कच्चे तेल का निश्चित खरीदार बन सकती थी।

लेकिन यहाँ भी गेट्टी ने क्रमशः अधिग्रहण का तरीका अपनाया था। उसने मार्च 1932 में 2.30 डॉलर प्रति शेयर के भाव में कंपनी के 1,200 शेयर खरीद कर दूरगामी अधिग्रहण की दिशा में पहला कदम बढ़ा दिया था। उसने अगले छह सप्ताह में अपनी शेयरधारिता को बढ़ाकर 41,000 कर लिया था; लेकिन कंपनी पर संपूर्ण नियंत्रण कायम करने में जीन पॉल गेट्टी को करीब 20 वर्ष लगे थे। इस बीच उसने खरीद का क्रम लगातार जारी रखा था। उसका अनुमान सही साबित हुआ था। अगले पाँच वर्षों में ही वाटर एसोसिएटेड ऑयल कंपनी के शेयर के भाव 16 डॉलर के स्तर पर पहुँच गए थे, जो अगले 15 वर्षों में और भी कई गुना बढ़ गए थे। इसके साथ-साथ कंपनी में गेट्टी की शेयरधारिता भी बढ़ती चली गई थी।

लेकिन यह सबकुछ इतना आसान नहीं था। मई 1932 में जीन पॉल गेट्टी अपने 41,000 सामान्य शेयर (कॉमन स्टॉक) तथा 1,26,000 अतिरिक्त शेयर के प्रतिनिधित्व (प्रॉक्सी) से लैस होकर टाइड वाटर एसोसिएटेड ऑयल कंपनी के वार्षिक शेयरधारक सम्मेलन में प्रस्तुत हुआ था और कंपनी प्रबंधन में अपने मतदान अधिकार का दावा पेश किया था। लेकिन उसकी यह कोशिश नाकाम हो गई थी, क्योंकि बिल्कुल अंतिम समय में प्रतिनिधित्व को वापस ले लिया गया था। लेकिन जीन पॉल गेट्टी हार माननेवालों में से नहीं था। उसने कंपनी के शेयर खरीदने और निदेशकों से अपने विचार मनवाने की कोशिशों का क्रम लगातार जारी रखा था। कंपनी प्रबंधन द्वारा लंबे समय तक उसकी बातों को टालने की कोशिश की गई थी, लेकिन वर्ष 1933 तक गेट्टी के स्वामित्व में कंपनी के 2.60 लाख शेयर आ चुके थे और कंपनी को मजबूरन उसे निदेशक मंडल में शामिल

करना पड़ा था। फिर भी, गेट्टी के लिए यह खोखली सफलता ही थी, क्योंकि निदेशक मंडल के बाकी सदस्य एकजुट होकर उसके किसी भी विचार को सिरे से खारिज कर देते थे।

लंबी कानूनी लड़ाई एवं पर्याप्त शेयरधारिता हासिल करने बाद वर्ष 1937 के अंत में गेट्टी ने कंपनी के शीर्ष प्रबंधन को अपनी आवाज सुनने के लिए मजबूर कर दिया था। अगले तीन वर्षों में उसके पास 17,34,577 शेयर हो गए थे, जिसकी बदौलत उसके पास एक-चौथाई मतदान शेयर भी आ गया था। अब उसके द्वारा प्रस्तावित विचारों को लागू करना कंपनी की मजबूरी बन गई थी; लेकिन कंपनी पर संपूर्ण नियंत्रण प्राप्त करने के लिए गेट्टी को लगातार अपनी शेयरधारिता बढ़ानी पड़ी थी और वर्ष 1951 तक का इंतजार करना पड़ा था। अगले दो वर्षों बाद एक को छोड़कर बाकी सभी निदेशकों का चुनाव गेट्टी के शेयरों से होने लगा था। अगले एक दशक में टाइड वाटर की कुल परिसंपत्तियाँ 80 करोड़ डॉलर से ऊपर चली गई थीं।

स्पार्टन एयरक्राफ्ट कंपनी : तेल कारोबार को एकीकृत करने के अभियान के तहत ही गेट्टी ने वर्ष 1937 में मिशन कॉरपोरेशन में नियंत्रणकारी हिस्सेदारी खरीद ली थी। इस तरह उसने प्रमुख तेल प्रतिष्ठान स्केली ऑयल कंपनी (टुल्सा, ओक्लाहोमा) को भी अपने नियंत्रण में ले लिया था, जिसमें मिशन कॉरपोरेशन की हिस्सेदारी 57 प्रतिशत थी। उस समय स्केली ऑयल की शुद्ध आय 6.50 लाख डॉलर थी; लेकिन गेट्टी समूह में शामिल होने के बाद उसका कारोबार लगातार बढ़ता चला गया था और वर्ष 1961 में उसकी कुल परिसंपत्तियाँ 33 करोड़ डॉलर से ऊपर चली गई थीं। इतना ही नहीं, स्केली ऑयल कंपनी की सहायक कंपनियों में स्पार्टन एयरक्राफ्ट कंपनी (टुल्सा, ओक्लाहोमा) भी थी, जो सन् 1928 से हवाई जहाजों के विनिर्माण के अलावा उस समय अमेरिका के सबसे बड़े विमानचालक प्रशिक्षण विद्यालय भी संचालित कर रही थी।

इस बीच सन् 1938 में जीन पॉल गेट्टी ने कुछ समय तेल उद्योग से अपना ध्यान हटाया था। तब उसने न्यूयॉर्क सिटी में होटल पिएरे को सिर्फ

23.5 लाख डॉलर में खरीद लिया था। यह वर्ष 1929–30 की कीमतों के मुकाबले सिर्फ एक–चौथाई भर थी। बाद में उसने दक्षिणी मेक्सिको में प्रशांत तट पर स्थित बंदरगाह शहर अकापुल्को में कई सौ एकड़ जमीन खरीद ली थी, जहाँ पर उसने रेवोल्काडरो बीच पर पिएरे मर्कुएस होटल का निर्माण किया था। वैसे तो गेट्टी के पास कई होटल शृंखलाओं का स्वामित्व होने की अफवाह फैल गई थी, लेकिन बाद में उसने स्पष्ट किया था कि उसके पास मात्र यही एक होटल शृंखला थी।

यूरोप यात्रा से लौटने के बाद 7 दिसंबर, 1939 को जीन पॉल गेट्टी ने पहली बार स्पार्टन एयरक्राफ्ट कंपनी की सुविधाओं का निरीक्षण किया था। 60 कर्मचारियोंवाली उस फैक्टरी की विनिर्माण क्षमता सीमित थी। इस बीच, द्वितीय विश्वयुद्ध (1 सितंबर, 1939 से 2 सितंबर, 1945) शुरू हो चुका था। गेट्टी को यह अनुमान लगाते देर नहीं लगी थी कि जल्द ही अमेरिका भी युद्ध में कूदेगा और स्पार्टन एयरक्राफ्ट देश के रक्षा अभियान में ज्यादा महत्त्वपूर्ण भूमिका अदा करेगी; लेकिन तब उसके लिए यह अनुमान लगा पाना कठिन था कि दो साल बाद ठीक उसी तारीख (7 दिसंबर, 1941) को जापान पर्ल हार्बर (होनोलूलू के पश्चिम में हवाई द्वीप–समूह क्षेत्र में ओहाऊ स्थित बंदरगाह, जहाँ पर अमेरिका के प्रशांत बेड़े का मुख्यालय है) पर हमला करेगा और अमेरिका को विवश होकर युद्ध में कूदना पड़ेगा। दुःखद तथ्य यह भी है कि इसी माह के अंत में जीन पॉल गेट्टी की माँ सारा गेट्टी का देहांत हो गया था। जीन पॉल गेट्टी ने अपने आलेख में लिखा है कि हालाँकि वह 50 वर्ष का होने वाला था, लेकिन माँ को खोकर उसे महसूस हुआ था कि वह अभी बालक ही था।

खैर, अमेरिका के शामिल होते ही द्वितीय विश्वयुद्ध ने ज्यादा भयानक रूप ले लिया था। अखबार युद्ध की खबरों से पटे रहने लगे थे। जीन पॉल गेट्टी को प्रथम विश्वयुद्ध में भाग लेने की अनुमति नहीं मिल सकी थी, इसलिए उसे लगा था कि इस बार उसे अपनी सेवा देने का मौका जरूर मिलेगा। वह बहुत पहले ही आकाशीय नौ परिवहन (सेलेस्टियल नेविगेशन)

का गहरा अध्ययन कर चुका था और तब तक उसके निजी बेड़े में मध्यम स्तर के तीन जहाज भी हो चुके थे। इसी आधार पर उसने अमेरिकी नौसेना में अपनी सेवा देने का आवेदन किया था। चूँकि उसकी उम्र ज्यादा हो चुकी थी, इसलिए नौसेना की महासागरीय सेवा में मौका देना तो संभव ही नहीं था। उससे अधिक-से-अधिक प्रशासनिक या आपूर्ति अधिकारी के रूप में काम लिया जा सकता था। जब गेट्टी ने नौसेना सचिव से अपनी दिली इच्छा जाहिर की तो, उसने समझाया कि उसे अपनी एयरक्राफ्ट कंपनी को सीधी कमान में लेना चाहिए और जल्द-से-जल्द उसके उत्पादन स्तर को बड़े पैमाने पर ले जाना चाहिए। उसके लिए देश की यही सबसे बड़ी सेवा हो सकती थी।

इस तरह, फरवरी 1942 में जीन पॉल गेट्टी ने कार्यकारी अध्यक्ष के रूप में स्पार्टन एयरक्राफ्ट की कमान सँभाली थी। तमाम व्यावहारिक अड़चनों के बावजूद वह अगले 18 महीनों में उत्पादन स्तर बड़े स्तर पर लाने में कामयाब हुआ था। द्वितीय विश्वयुद्ध खत्म होने से पहले तक उसकी कमान में स्पार्टन एयरक्राफ्ट में कर्मचारियों की संख्या 5,500 से अधिक हो चुकी थी, जहाँ युद्धक व यात्री विमानों के सैकड़ों कल-पुरजों का विनिर्माण होने लगा था। दूसरी तरफ, कंपनी के विमानचालक प्रशिक्षण स्कूल में एक साथ 1,700 युवा हवाबाजों को प्रशिक्षित किया जा रहा था। युद्ध खत्म होने के बाद जीन पॉल गेट्टी ने एक बार फिर से अपना ध्यान तेल कारोबार पर केंद्रित कर लिया था।

मध्य-पूर्व तेल कारोबार विस्तार : द्वितीय विश्वयुद्ध के बाद अमेरिका के साथ-साथ विश्व भर में पेट्रोलियम की खपत तेजी से बढ़ रही थी। अब तेल पूर्वेक्षकों का बहुत बड़ा समूह कनाडा, मध्य व दक्षिण अमेरिका, अफ्रीका व मध्य-पूर्व के देशों में नए तेल क्षेत्रों की खोज में जुटा हुआ था। वैसे तो जीन पॉल गेट्टी की तेल खोजी व उत्पादन कंपनियाँ लगातार अच्छा प्रदर्शन कर रही थीं, लेकिन अब उसकी नजर मध्य-पूर्व के देशों में जा टिकी थी। गेट्टी ने बाद में अपने आलेख में साफ किया था कि चाहे

उसे अंत:प्रेरणा कहें या फिर बिना किसी तथ्य बस, यों ही एक सरसरी अनुमान या फिर भाग्य, उसे दृढ विश्वास-सा हो गया था कि अब मध्य-पूर्व ही तेल खोज का सबसे अधिक संभावनाशील गंतव्य स्थल था।

वैसे तो 1930 के दशक में भी मध्य-पूर्व की सरकारों की तरफ से विशेष छूट के साथ तेल-खोज का प्रस्ताव मिला था, लेकिन तब वह वहाँ जाने के लिए खुद को तैयार नहीं कर सका था। लेकिन अब वह ऐसे किसी भी मौके को किसी भी हालत में छोड़ने को तैयार नहीं था। फरवरी 1949 में उसने सऊदी अरब सरकार को 1.25 करोड़ डॉलर का भुगतान कर 60 वर्षों के लिए 'प्राकृतिक तेल क्षेत्र' की आधी हिस्सेदारी खरीद ली थी। यह अरब खाड़ी में सऊदी अरब व कुवैत के बीच में स्थित विशाल निर्जन रेगिस्तानी क्षेत्र था, जहाँ शायद ही कभी कोई गया होगा। यह बहुत बड़ा जोखिम था और तेल उद्योग में कई लोगों ने गेट्टी व उसकी कंपनियों के जल्द ही दिवालिया हो जाने की भविष्यवाणी कर दी थी। जी हाँ, पहला तेल उत्पादक कुआँ खोदने में चार वर्ष का लंबा समय लगा था और 4 करोड़ डॉलर की आश्चर्यजनक राशि भी खर्च हुई थी; लेकिन तमाम आशंकाओं के बीच गेट्टी ने कभी अपना धैर्य नहीं खोया और तेल खोज अभियान में जुटा रहा था। वर्ष 1954 पहुँचते-पहुँचते उसके चेहरे पर रहस्यमय मुसकान लौट आई थी। अब वह पूरी तरह निश्चिंत हो गया था कि उसके दिवालिएपन की भविष्यवाणी करनेवाले एक बार फिर गलत साबित होने वाले हैं। ऐसा हुआ भी था। एक के बाद दूसरा कुआँ सफल साबित होने लगा था। मानो 'प्राकृतिक तेल-क्षेत्र' खुद को विश्व का सबसे मूल्यवान् तेल क्षेत्र साबित करने पर आमादा था। भूगर्भशास्त्रियों ने अनुमान लगाना शुरू कर दिया था कि 60 वर्षों की विशेष छूट अवधि में वहाँ पर 60 अरब बैरल से अधिक तेल का उत्पादन संभव होगा।

भारी कच्चे तेल उत्पादन की संभावना को देखते हुए गेट्टी ने अपनी कंपनियों की तेल-शोधन क्षमता को बढ़ाना शुरू कर दिया था। सन् 1957 में विलमिंग्टन (डेलावेर) में 20 करोड़ डॉलर की लागत से टाइड वाटर

ऑयल कंपनी की नई तेल-शोधन सुविधा का निर्माण पूरा हो चुका था। सैन फ्रांसिस्को के नजदीक टाइड वाटर की तेल-शोधन इकाई को 6 करोड़ डॉलर की लागत से आधुनिक बनाया गया था, फिर गएटा (इटली) में 40 हजार बैरल और डेनमार्क में 20 हजार बैरल प्रतिदिन शोधन क्षमतावाली तेल-शोधक इकाइयाँ स्थापित की गई थीं। इस बीच कच्चे तेल की ढुलाई करनेवाले विशालकाय जहाजों का निर्माण हो चुका था। उनमें ऐसे जहाज भी शामिल थे, जिनकी अधिकतम ढुलाई क्षमता 70 हजार टन तक की थी। इतना ही नहीं, गेट्टी ने 4 करोड़ डॉलर से अधिक की लागत से लॉस एंजिल्स (कैलिफोर्निया), टुल्सा (ओक्लाहोमा) व न्यूयॉर्क सिटी में नए कार्यालय भवनों के निर्माण करवाए थे और अक्तूबर 1957 में 'फॉर्च्यून' पत्रिका ने जीन पॉल गेट्टी को अमेरिका का सबसे धनी व्यक्ति घोषित कर दिया था।

अंतिम समय : लेकिन देश का सबसे अमीर व्यक्ति घोषित होने से बहुत पहले सन् 1953 में ही जीन पॉल गेट्टी ने अपने नाम पर न्यास 'जे. पॉल गेट्टी ट्रस्ट' की स्थापना कर ली थी, जो बाद में विश्व का सबसे धनी कला संस्थान बन गया था। वह कलाकृतियों व प्राचीन वस्तुओं का बेहद शौकीन संग्रहकर्ता था। उसके निजी कला-संग्रह के आधार पर ही ट्रस्ट ने 'जे. पॉल गेट्टी संग्रहालय' (लॉस एंजिल्स) की स्थापना की थी। मृत्यु से पहले वह अपनी परिसंपत्ति का 6.61 करोड़ डॉलर (मुद्रास्फीति संयोजित मूल्य करीब 2.70 अरब डॉलर) इस संग्रहालय के लिए वसीयत कर गया था। जे. पॉल गेट्टी ट्रस्ट द्वारा संचालित संस्थानों में गेट्टी फाउंडेशन, गेट्टी रिसर्च इंस्टिट्यूट व गेट्टी कंजर्वेशन इंस्टीट्यूट भी शामिल हैं।

गेट्टी की पारिवारिक जिंदगी बहुत ही जटिल रही थी। कारोबार को प्राथमिकता देने के चलते उसकी एक के बाद पाँचवीं शादी भी सन् 1958 में टूट गई थी। हालाँकि चार पत्नियों से उसके पाँच बेटे व एक बेटी हुई थी, लेकिन लगातार तलाक के चलते उसका निजी जीवन खाली ही रहा था। संभवतः इसलिए भी उसने सन् 1959 में अचानक ब्रिटेन में स्थानांतरित

होने का फैसला कर लिया था। उसने जीवन के अंतिम 17 वर्ष गिल्डफोर्ड (सुर्री) से 3 मील उत्तर-पूर्व में निर्मित ऐतिहासिक ग्रामीण हवेली 'सुट्टन प्लेस' में गुजारे थे। (इंग्लैंड के राजा हेनरी अष्टम के राजकोषाध्यक्ष सर रिचर्ड वेस्टन द्वारा सन् 1525 में निर्मित 72 कमरोंवाली आलीशान हवेली सुट्टन प्लेस का वर्तमान मालिक रूसी अरबपति अलीशेर उस्मानोव है।) वहाँ 6 जून, 1976 को 83 वर्ष की आयु में हृदयाघात के कारण उसकी मृत्यु हो गई थी; लेकिन उसे अमेरिका वापस लाकर गेट्टी विला (पेसिफिक पालिसडेस, लॉस एंजिल्स काउंटी, कैलिफोर्निया) में दफनाया गया था।

सन् 1966 में गिनीज बुक ऑफ वर्ल्ड रिकॉर्ड्स ने जीन पॉल गेट्टी की निजी संपत्ति का मूल्यांकन 1.2 अरब डॉलर किया था और उसे विश्व का सबसे धनी नागरिक घोषित किया था। मृत्यु के समय उसकी कुल परिसंपत्ति का मूल्य 2 अरब डॉलर (मुद्रास्फीति संयोजित लगभग 8.3 अरब डॉलर) आँका गया था।

□

अध्याय 7

बिल लेअर : रेडियो व विमानों से धनी बना हरफनमौला आविष्कारक

प्रौद्योगिकी के क्षेत्र में नवाचारी प्रयोगों के जरिए धनवान् बनना बहुत ही जाना-समझा तरीका है; लेकिन यहाँ भी सफलता तभी संभव है कि जब बिल्कुल सही समय पर सटीक विचार को कार्यान्वित किया जाए। यदि तात्कालिक बाजार की संभावित माँग के मद्देनजर प्रतिस्पर्धियों के सचेत होने से पहले कोई नया उपकरण या सामग्री या प्रक्रिया को बाजार में उतारा जाए तो दुनिया उसे हाथोहाथ लेती थी और आविष्कारक रातोरात अमीर बन जाता था।

लेकिन इस क्षेत्र में भी दो तरह की प्रतिभाएँ कामयाब होती हैं। पहले प्रकार की प्रतिभाएँ विशेषज्ञ होती हैं, जो व्यापक प्रौद्योगिकी क्षेत्र के किसी एक जरूरी विषय पर खुद को केंद्रित करती हैं और उसमें लगातार सुधार को आगे बढ़ाती हैं। लेकिन प्रौद्योगिकी क्षेत्र में ऐसी अद्भुत प्रतिभाएँ भी आती रही हैं, जिन्होंने अपने समय की विभिन्न वैज्ञानिक जरूरतों को अपनी खोज का विषय बनाया और उनमें क्रांतिकारी नवाचारों से आश्चर्यजनक सफलताएँ हासिल की हैं। असल में, ये हरफनमौला आविष्कारक होते हैं, जो किसी एक क्षेत्र में विशेषज्ञता हासिल करने की बजाय एक साथ बहुत कुछ करने की कोशिश करते हैं।

इस अध्याय में हम ऐसे क्रांतिकारी आविष्कारक व उद्यमी के बारे में चर्चा करने वाले हैं, जिसने स्वाध्याय से खुद को करामाती रेडियो इंजीनियर्स

साबित किया और फिर अपने समय का सबसे क्रांतिकारी व्यावसायिक विमान विकासक भी। उस अद्‌भुत प्रतिभाशाली हरफनमौला आविष्कारक ने अपने 46 वर्ष के पेशेवर जीवन में कुल पेटेंट हासिल किए थे। जी हाँ, हम विलियम पावेल बिल लेअर की बात कर रहे हैं, जो विशेष रूप से लेअर जेट कॉरपोरेशन के संस्थापक के रूप में किंवदंती बन गए थे।

रेडियो का करामाती बालक : बिल लेअर का जन्म 26 जून, 1902 को मध्य-पश्चिमी अमेरिकी प्रांत मिसौरी के हेनिबल नगर में हुआ था। वह रूबेन मैरियन और गर्टरूड एलिजाबेथ (पावेल) लेअर की एकमात्र संतान था। जब वह छह साल का था, उसके माता व पिता अलग हो गए थे। उसके बाद वह अपनी माँ के साथ शिकागो में रहने लगा था। उसके साथ उसकी माँ का व्यवहार बहुत ही अपमानजनक रहा था। वह उसके साथ न केवल गाली-गलौज करती रहती थी, बल्कि उसे मारती-पीटती भी थी। इस तरह बिल लेअर का बचपन काफी दयनीय हालात में गुजरा था। माँ उसे हमेशा कोसती रहती थी कि वह जिंदगी में कभी कुछ नहीं कर पाएगा।

बिल लेयर ने माँ के शब्दों को चुनौती के रूप में लिया था और जल्द-से-जल्द अपने पाँव पर खड़ा होने की कोशिशें शुरू की थीं। उसने बिजली उपकरण संबंधी पुस्तकें पढ़ना शुरू कर दिया था। 12 वर्ष पूरा होने तक उसने इयरफोन के साथ एक रेडियो सेट का निर्माण कर लिया था; मोर्स कोड (शौकिया रेडियो संचालकों द्वारा उपयोग की जानेवाली विशेष कूट लिपि, जिसमें अक्षरों को छोटे व लंबे प्रकाश या ध्वनि संकेतों के माध्यम से प्रस्तुत किया जाता है) में महारत हासिल कर ली थी और कल-पुरजों को जोड़कर तारयंत्र (टेलीग्राफ) बनाना भी सीख गया था। ऐसे में, वह आठवीं कक्षा में दाखिल तो हुआ था, लेकिन छह सप्ताह बाद ही स्कूल जाना बंद कर दिया था, क्योंकि वह अपने शिक्षकों से अधिक इलेक्ट्रॉनिक्स जानता था।

कुछ समय तक छोटे-मोटे काम करने के बाद 13 वर्ष की उम्र में बिल लेअर ने 6 डॉलर प्रति सप्ताह के वेतन पर मोटर कारीगर (ऑटो मेकैनिक) की पूर्णकालिक नौकरी खोज ली थी; लेकिन जल्द ही उसके दिलोदिमाग पर

उड़ान व रेडियो का जुनून सवार हो गया था। हवाई जहाज पर वह इस कदर मोहित हो गया था कि उसने सुनिश्चित वेतनवाली नौकरी छोड़ दी थी और शिकागो के ग्रांट पार्क एयरपोर्ट में बिना किसी वेतन के कारीगर का काम करने लगा था, सिर्फ इसलिए कि वहाँ कारीगरी करते हुए उसे विमान उड़ाने का मौका भी मिल जाएगा। लेकिन उसके उड़ान पेशे की शुरुआत शुभ नहीं रही थी। पहली उड़ान में जब वह दो पंखों वाले छोटे हवाई जहाज को उतार रहा था तो वह जमीन से टकरा गया था। शुक्र बस, इतना ही था कि वह सँभल गया था; लेकिन उसके सिर में काफी चोटें आई थीं।

यह वह दौर था, जब रेडियो का चलन लोकप्रिय होने लगा था। इस बीच लेअर स्वाध्याय के जरिए रेडियो कारीगरी में महारत हासिल करता जा रहा था। हवाई जहाज का जुनून शुरू होने से पहले वह रेडियो की कारीगरी को पक्का करने में जुटा हुआ था और उसके लिए घर से 50 मील दूर एक रेडियो कारीगर की दुकान पर काम करने जाया करता था। इधर, जब तक उसकी जेब खाली हुई थी, तब तक उड़ान का शौक भी लगभग पूरा कर चुका था। अब उसे पैसों की जरूरत थी और वह जल्द-से-जल्द वेतनवाली नौकरी के लिए बेचैन हो गया था। तभी उसे यूनिवर्सल बैटरी कंपनी ने नौकरी पर रख लिया था। वहाँ पर लेअर ने 'बैटरी एलिमिनेटर' नामक विद्युत् उपकरण बनाया था, जो बैटरी की जरूरत खत्म कर उपभोक्ता को घरेलू बिजली से रेडियो चलाने की अनुमति देता था।

उस समय गतिशील ध्वनि-विस्तारक यंत्र (डायनेमिक लाउडस्पीकर) का उपयोग बस शुरू ही हुआ था, जो हंस जैसे गरदनवाली ध्वनि-विस्तारक की जगह लेता हुआ लोकप्रिय होने लगा था। तब लेयर ने एक गतिशील ध्वनि-विस्तारक यंत्रवाले रेडियो का निर्माण किया था, जिसमें क्यू.आर. एस. कंपनी द्वारा निर्मित 'रेक्टीफायर ट्यूब' का उपयोग किया गया, जो प्रत्यावर्ती धारा (अल्टरनेटिंग करंट/ए.सी.) को सीधी धारा (डायरेक्ट करंट) में बदलती थी। इस प्रयोग से क्यू.आर.एस. कंपनी इतनी खुश हुई थी कि उसने लेयर के सामने यूनिवर्सल बैटरी कंपनी से 60 प्रतिशत अधिक वेतन

का प्रस्ताव कर दिया था। इसी तरह, जब लेअर ने ग्रिग्सबी-ग्रुनोव-हिंड्स कंपनी द्वारा निर्मित 60,000 बैटरी एलिमिनेटर की समस्या दूर कर दी थी तो उसके निदेशक बिल ग्रुनोव ने क्यू.आर.एस. कंपनी से भी ज्यादा वेतन का प्रस्ताव कर दिया था। तब लेअर ने बिल ग्रुनोव के साथ मैग्नावॉक्स कंपनी (वर्ष 1974 में फिलिप्स द्वारा अधिगृहीत) के लिए ध्वनि परिवर्धक (ऑडियो एंप्लीफायर) व पेटी (केस) का निर्माण किया था। 'मैग्नावॉक्स मैजेस्टिक डायनेमिक स्पीकर' ने बाजार में आते ही धूम मचा दी थी। उसकी लाखों इकाइयाँ बिकी थीं और वह जल्द ही अमेरिकी घरों की सामान्य जरूरत का उपकरण बन गया था।

उस समय अपेक्षाकृत बहुत बड़े ध्वनि-कुंडल (रेडियो क्वायल) के उपयोग के कारण घरेलू रेडियो यंत्रों का आकार भी बहुत बड़ा होता था। जल्द ही बिल लेअर ने लिज वायर (प्रत्यावर्ती धारा/ए.सी. को संवाहित करनेवाला तार, जिसके भीतर एक साथ कई बहुत पतले तार होते हैं) का उपयोग कर प्रचलित रेडियो क्वायल का आकार एकदम छोटा कर दिया था। यह इलेक्ट्रॉनिक्स उपकरणों के सूक्ष्मीकरण (मिनिएचराइजेशन) की दिशा में पहला कदम था। इसके उत्पादन के लिए लेअर ने रेडियो क्वायल एंड वायर कंपनी की स्थापना की थी। लघु रेडियो क्वायल के आविष्कार ने लेअर को मोटर गाड़ी में स्थापित हो सकने और उसकी बैटरी से चल सकने योग्य एक छोटे ऑटोमोबाइल रेडियो का भी निर्माण किया था। उसने शिकागो की एक छोटी कंपनी गल्विन मैन्युफैक्चरिंग कॉरपोरेशन के संचालक बंधुओं पॉल वी. गल्विन एवं यूसुफ ई. गल्विन को वह ऑटोमोबाइल रेडियो दिखाया था। पहले तो वह कार में रेडियो की स्थापना के विचार को ही अव्यावहारिक बताते रहे थे; लेकिन जब लेअर ने उन्हें कार्यशील प्रारूप दिखाया तो वे प्रायोगिक खेप (ट्रायल बैच) के उत्पादन को तैयार हो गए थे। 23 जून, 1930 को 'मोटोरोला' ब्रांड नाम से बाजार में उतारा गया वह ऑटोमोबाइल रेडियो इतना लोकप्रिय हुआ था कि जल्द ही कंपनी ने अपना नाम बदलकर 'मोटोरोला इनकॉरपोरेशन' रख लिया था।

विमानन क्षेत्र में बढ़ते कदम : अब तक बिल लेअर को इलेक्ट्रॉनिक्स उद्योग में 'वंडर ब्वॉय ऑफ रेडियो' (रेडियो का करामाती बालक) कहा जाने लगा था; लेकिन वह सदा बेचैन नवाचारी था और अपने पुराने कार्यों के फल पर ज्यादा समय तक टिका नहीं रह सकता था। ऐसे में एक बार फिर से उसकी उड़ान की चाहत जाग गई थी। वह कोई ऐसा कारोबार करना चाहता था, जिससे उसकी उड़ान की चाहत का औचित्य साबित हो सके। संभवत: इसीलिए उसने सन् 1931 में डिअरबोर्न (मिशिगन) की एक महिला से 2,500 डॉलर में द्विपंखी विमान (बाईप्लेन) खरीदा था, जो उसका पहला विमान था। उस समय के द्विपंखी विमानों में हवाई पथ-प्रदर्शन प्रणाली (एरियल नेवीगेशन सिस्टम) में कई तरह की जटिलताएँ थीं। बिल लेअर ने इस समस्या को व्यक्तिगत चुनौती के रूप में लिया था।

सन् 1932 में बिल लेअर ने मोटोरोला में अपनी हिस्सेदारी बेच दी थी। फिर शिकागो के कर्टिस रेनॉल्ड्स एयरपोर्ट में छह-सात व्यक्तियों के छोटे विमानकर्मी दल के साथ रेडियो दिशा-खोजक (रेडियो डायरेक्शन फाइंडर/आर.डी.एफ.) यंत्र सहित हवाई जहाज के अन्य इलेक्ट्रॉनिक्स उत्पादों के अनुसंधान व विकास का काम शुरू किया था। इस दिशा में काफी हद तक काम पूरा करने के बाद उसने महसूस किया था कि इस कारोबार के लिए न्यूयॉर्क सटीक स्थान था। इसी इरादे से वर्ष 1933 के क्रिसमस के आसपास वह अपने विमानकर्मियों के साथ न्यूयॉर्क के लिए रवाना हो गया था। वहाँ पर उसने 1 जनवरी, 1934 को लेअर डेवलपमेंट्स की स्थापना की थी; लेकिन जल्द ही उसे मालूम हो गया था कि वह समय से काफी आगे चल रहा था। वह विमानन क्षेत्र में रेडियो-आधारित इलेक्ट्रॉनिक्स उत्पादों के चलन का शुरुआती दौर था। इसीलिए लेअर द्वारा विकसित इलेक्ट्रॉनिक उत्पादों को बाजार में लाने के लिए कोई विनिर्माता तैयार नहीं हो रहा था। उसकी जमा-पूँजी तेजी से खर्च होती जा रही थी और मार्च के अंत तक वह बिल्कुल कंगाली की हालत में पहुँच गया था।

लेकिन बिल लेअर की सबसे आश्चर्यजनक विशेषता यह थी कि उसे

अपने काम की सफलता पर संपूर्ण विश्वास होता था। इसलिए जब उसने अपना काम बंद किया था तो सिर पर हाथ रखकर अपनी असफलता पर एक क्षण भी अफसोस नहीं किया था। उसने जल्द-से-जल्द धन जुटाने का मन बना लिया था। उसने बस, थोड़ी सी माथापच्ची की थी कि आखिर उस समय लोगों को किस चीज की सबसे अधिक जरूरत थी। उसके दिमाग की बत्ती जल उठी थी और उसे मालूम पड़ गया कि उसका अगला जादुई उत्पाद क्या होगा। उस समय विभिन्न आवृत्तियों की रेडियो तरंगों को एक साथ पकड़नेवाले घरेलू रेडियो यानी मल्टी बैंड रेडियो का चलन तेजी पकड़ने लगा था; लेकिन उसकी तकनीकी संरचना काफी जटिल थी। लेअर के दिमाग में उस रेडियो की विनिर्माण प्रक्रिया को बिल्कुल आसान बना देने का क्रांतिकारी विचार कौंधा था।

वह 13 अप्रैल, 1934 का शुक्रवार का दिन था, जब वह दोपहर 1 बजे आर.सी.ए. विक्टर के बहुचर्चित तत्कालीन अध्यक्ष एल्मर टाइलिंग कनिंघम के समक्ष अपने विचारों के साथ प्रस्तुत हुआ था। [याद रहे कि जनरल इलेक्ट्रिक/जी.ई. समूह द्वारा संचालित रेडियो कॉरपोरेशन ऑफ अमेरिका/आर. सी.ए. ने सन् 1929 में तब विश्व के सबसे बड़े फोनोग्राफ निर्माता—विक्टर टॉकिंग मशीन कंपनी (जिसमें विक्टर कंपनी ऑफ जापान/जे.वी.सी. की बहुत बड़ी हिस्सेदारी थी) के अधिग्रहण के बाद सहयोगी कंपनी आर.सी.ए. विक्टर का गठन किया गया था। लेकिन अमेरिकी सरकार द्वारा जी.ई. के एकाधिकार के खिलाफ अविश्वास कानून (एंटी ट्रस्ट लॉ) के तहत की गई काररवाई के बाद सन् 1930 में आर.सी.ए. स्वतंत्र कंपनी के रूप में काम करने लगी थी।] कनिंघम को लेअर द्वारा प्रस्तावित मल्टीबैंड रेडियो का प्रारूप क्रांतिकारी नजर आया था और उसने तत्काल 2.50 लाख डॉलर में उसे खरीदने का प्रस्ताव रख दिया था। लेअर इतनी बड़ी राशि के प्रस्ताव से चौंका नहीं था, क्योंकि उसने भी अपने मन में लगभग इतना ही अनुमान लगाया था। लेअर ने तत्काल उस प्रस्ताव को स्वीकार कर लिया था, क्योंकि उसे लेअर डेवलपमेंट्स को चालू रखने के लिए कार्यशील पूँजी की सख्त जरूरत थी।

एफ-5 ऑटोपायलट : बिल लेअर के लिए सबसे बड़ी सफलता का क्षण तब आया था, जब उसने सन् 1949 में अमरीकी लड़ाकू विमानों के लिए 'एफ 5 ऑटोपायलट' का निर्माण किया था। ऑटोपायलट (स्वचालित विमान-चालक) एक ऐसी इलेक्ट्रॉनिक प्रणाली है, जो मानव विमान-चालक के हाथों द्वारा लगातार नियंत्रण के बिना ही विमान की गति को नियंत्रित करती है। इससे पहले की ऑटोपायलट प्रणालियाँ न केवल आकार-प्रकार में बहुत बड़ी थीं, बल्कि उनका संचालन भी काफी जटिल था। फिर भी, बमवर्षक लड़ाकू विमानों में उनका व्यापक रूप से उपयोग किया जाता था। यही कारण था कि घंटों की सटीक उड़ान व पथ-प्रदर्शन से वे इतने थक जाते थे कि अकसर दुश्मनों के निशाने पर आ जाते थे। द्वितीय विश्वयुद्ध के दौरान मौसम बिगड़ जाने पर कई विमानचालक घर वापसी का रास्ता भूल जाने के कारण विमान सहित खो गए थे; लेकिन लेअर द्वारा निर्मित एफ-5 ऑटोपायलट रोटी के डिब्बे से थोड़ा ही बड़ा था। वह विमान को न केवल गंतव्य स्थल तक ले जा सकने में सक्षम था, बल्कि जमीनी संकेतों पर बंद हो सकता था और वापस आ रहे विमानों को खराब मौसम में भी जमीन पर उतार सकता था। यही कारण था कि लेअर को 'एफ-5 ऑटोपायलट' के विनिर्माण के लिए बहुत बड़ा सरकारी अनुबंध मिला था। इस अनुबंध को पूरा करने के लिए सन् 1949 में लेअर इनकॉरपोरेशन (लेअर डेवलपमेंट्स का नया नाम) के तहत सांता मोनिका, कैलिफोर्निया में विनिर्माण शुरू किया था। प्रदर्शन, दक्षता व सुरक्षा के लिहाज से 'एफ-5 ऑटोपायलट' अव्वल रहा था। यही कारण था कि यू.एस. नेशनल एयरोनॉटिक एसोसिएशन ने वैमानिकी में सबसे बड़ी उपलब्धि के लिए बिल लेअर को वर्ष 1950 की 'कोलियर ट्रॉफी' प्रदान की थी।

लेकिन रोचक तथ्य यह भी है कि लेअर की जिस दृष्टिहीन अवतरण प्रणाली (ब्लाइंड लैंडिंग सिस्टम) का अमेरिकी सैनिक विमानचालक 15 वर्षों से उपयोग करते आ रहे थे, उसे अमेरिका के राष्ट्रीय विमानन प्राधिकरण (फेडरल एविएशन एडमिनिस्ट्रेशन/एफ.ए.ए.) ने कभी भी यात्री विमानों में उपयोग किए जाने का अनुमोदन नहीं किया था। इसके उलट 1960 के दशक

की शुरुआत में एयर फ्रांस ने अपने पतले आकारवाले जेट विमानों—कैरावेल को लेअर की ऑटोपायलट प्रणालियों से सुसज्जित किया था और उन विमानों ने शून्य दृश्यतावाले मौसमों में भी यात्रियों सहित 1,200 से अधिक हाथ-बंद अवतरण (हैंड्स ऑफ लैंडिंग) किए थे। यही कारण था कि बिल लेअर ने एफ.ए.ए. को भला-बुरा कहने में कोई कोताही नहीं की थी और उसे 'विमानन की प्रगति पर संकट' तक कह दिया था।

'लेअर जेट' का विकास : खैर, 1950 के दशक के अंत तक लेअर इनकॉरपोरेशन अमेरिका की प्रमुख विमान इलेक्ट्रॉनिक्स विनिर्माता बन चुकी थी। अब बिल लेअर का ध्यान यूरोपीय बाजारों पर केंद्रित हो गया था। उसे पता चला था कि स्विट्जरलैंड सरकार एफ.एफ.ए. पी-16 लड़ाकू जेट विमान को नया स्वरूप देकर व्यावसायिक विमान का निर्माण करना चाहती थी। इस अनुबंध को हासिल करने के लिए सन् 1960 में लेअर ने स्विट्जरलैंड में स्विस अमेरिकन एविएशन कंपनी की स्थापना की थी; लेकिन परीक्षण उड़ान के दौरान उसकी दो प्रारंभिक प्रतिकृतियों (प्रोटोटाइप) के दुर्घटनाग्रस्त हो जाने के बाद स्विट्जरलैंड सरकार ने माँग-आदेश को खारिज कर दिया था। वैसे, लेअर को पक्का विश्वास था कि आधारभूत रूप विमान बिल्कुल ठीक था। बस, उसकी प्रणाली ठीक प्रकार से काम नहीं कर पा रही थी। यही कारण था कि उसने प्रारंभिक प्रतिकृतियाँ बनानेवाले प्रतिष्ठान के अभियंताओं को 'पी-16' की वायुगतिकीय प्रणाली (एयरोडायनेमिक सिस्टम) में मामूली सुधार करने के लिए कहा था।

हालाँकि लेअर उक्त सुधार के बाद फिर से उस व्यावसायिक विमान का उत्पादन शुरू करने को आमादा था; लेकिन लेअर इनकॉरपोरेशन का निदेशक मंडल इसके सख्त खिलाफ हो गया था। बिल लेअर एक बार जो फैसला कर लेता था, उससे पीछे नहीं हटता था, क्योंकि उसे अपने फैसले पर पक्का विश्वास होता था। कारण था कि उसने तत्काल लेअर इनकॉरपोरेशन में अपनी 23 प्रतिशत हिस्सेदारी बेच देने और अकेले ही व्यावसायिक विमानों के कारोबार में कूदने का फैसला कर लिया था। उसने स्विट्जरलैंड में एक

उत्पादन सुविधा स्थापित की थी, लेकिन स्विट्जरलैंड सरकार की धीमी गति और अमेरिका निर्मित कल-पुरजों के आयात में देरी होने के कारण लेअर इतना निराश हो गया था कि उसने वर्ष 1963 की शुरुआत में ही समूचे संयंत्र को विचिटा (कंसास) स्थानांतरित करने का फैसला कर लिया था।

आमतौर पर मोटरवाहन या विमान निर्माता कंपनियाँ अपने नए वाहन या विमान का पहला प्रारूप हाथों से तैयार करती थीं। जब हाथों से बने डिजाइन की उपयुक्तता सुनिश्चित हो जाती है, तभी बड़े स्तर पर उत्पादन के लिए महँगे औजार तैयार किए जाते हैं; लेकिन बिल लेअर को इतना विश्वास था कि उसने सबसे पहले साँचे का ही निर्माण करवाया था। फिर फेडरल एविएशन एडमिनिस्ट्रेशन/एफ.ए.ए. के प्रमाण-पत्र के बिना ही उत्पादन भी चालू कर दिया था। यह संयोग ही था या फिर उसके आत्मविश्वास का कमाल कि उसके फैसलों में बहुत बड़े बदलाव की जरूरत नहीं पड़ी थी, वरना एक भी बड़ी गड़बड़ी लेअर को बरबाद कर देने के लिए काफी थी। शायद जोखिम का नाम ही कारोबार है! लेअर का भाग्य उसके साथ था और उसका जुआ सफल रहा था। परंपरागत तरीके से विमान बनाने में वर्षों लग सकते थे, लेकिन लेअर ने बहुत ही कम समय में उसे बेचना शुरू कर दिया था।

जून 1964 में एफ.ए.ए. के निरीक्षक की गलती से पहला विमान 'लेअर जेट-23' जलकर राख हो चुका था। यदि उसने उत्पादन जारी न रखा होता और दूसरा विमान लगभग तैयार न हुआ रहता तो लेअर की पूरी योजना ध्वस्त हो सकती थी, क्योंकि तब तक उसकी कुल जमा-पूँजी खत्म हो चुकी थी। जी हाँ, लेअर तब तक इस परियोजना में 1.10 करोड़ डॉलर की कुल जमा-पूँजी झोंक चुका था, जो उसने अपनी निजी परिसंपत्ति व निजी विमान को पट्टे पर रखकर इकट्ठा की थी। अंत में, उसने कार्यशील पूँजी के लिए वित्त-पोषण की भी व्यवस्था की थी। खैर, विचिटा में संयंत्र की स्थापना के 18 महीने बाद ही लेअर ने विमान का निर्माण करने तथा एफ.ए.ए. का प्रमाण-पत्र हासिल कर समूचे उद्योग जगत् को दाँतों तले उँगली दबा लेने के लिए मजबूर कर दिया था।

नवंबर 1964 में लेअर जेट कॉरपोरेशन को सार्वजनिक कर दिया गया था। 104 लेअर जेट–23 विमानों के निर्माण के बाद वर्ष 1966 में उसका उत्पादन बंद कर दिया गया था, जब कंपनी ने उसी वर्ष लेअर जेट–24 व लेअर जेट–25 को उतारा था। लेकिन तब तक कंपनी 1.30 करोड़ डॉलर के ऋण के बोझ से भारी वित्तीय दबाव में आ चुकी थी। इसकी सबसे बड़ी वजह यह थी कि कंपनी विभिन्न इलेक्ट्रॉनिक्स व रबर उत्पादों के उत्पादन में भी विस्तार कर चुकी थी। इसलिए अप्रैल 1967 में बिल लेअर ने अपनी लगभग 60 प्रतिशत शेयर हिस्सेदारी को 2.70 करोड़ डॉलर में गेट्स रबर कंपनी को बेच दिया था। बाद में कंपनी का नाम बदलकर 'गेट्स लेअर जेट कॉरपोरेशन' कर दिया गया था। अंततः सन् 1990 में कनाडा की बॉम्बार्डियर एयरोस्पेस ने उसे खरीद लिया था और उस शृंखला के विमानों को 'बॉम्बार्डियर लेअर गेट फैमिली' ब्रांड नाम से बेचा जाने लगा था।

अंतिम समय : लेअर जेट से बाहर होने के बाद बिल लेअर ने सन् 1968 में 13 लाख डॉलर में पश्चिमी अमेरिकी प्रांत नेवडा के रेनो में स्थित पुराने स्टेड एयर फोर्स बेस का बहुत बड़ा हिस्सा खरीद लिया था और वहाँ लेअर मोटर कॉरपोरेशन और लेअर एविया कॉरपोरेशन का गठन किया था। उसने लेअर मोटर में करीब 1 करोड़ डॉलर का निवेश किया था और प्रतिभाशाली अभियंताओं के छोटे दल को मोटरवाहनों के सस्ते, कार्य–कुशल, शक्तिशाली, हलके व प्रदूषण–मुक्त भाप इंजन के विकास के काम में लगाया था। बिल लेअर ने आंतरिक दहन इंजन (इंटरनल कोम्बूशन इंजन) को अप्रचलित कर मोटर वाहन प्रदूषण से पर्यावरण को पूर्णतया मुक्त करने के महान् लक्ष्य के साथ इतना बड़ा निवेश किया था। लेकिन यह परियोजना बीच में ही लटक गई थी और लेअर एक बार फिर से विमानन क्षेत्र में वापस आ गया था।

फिर बिल लेअर ने बहुत हलके जेट (वेरी लाइट जेट/वी.एल.जे.) विमान फॉक्स जेट एसटी–600 के निर्माण का समर्थन किया था। उस परिकल्पना विमान ने कुल 73 माँग आदेश हासिल किए थे, जिसमें सबसे पहला बिल लेअर ने दिया था; लेकिन विशेष रूप से उस विमान के लिए तब उपयुक्त

बिजली संयंत्र के अभाव में आरंभिक प्रारूप (प्रोटोटाइप) निर्माण से पहले ही परियोजना को जहाँ-का-तहाँ छोड़ दिया गया था। रोचक तथ्य यह है कि यही वी.एल.जे. तीन दशक बाद काफी लोकप्रिय साबित हुई थी। फिर उसने 12 सीटोंवाले लेअर स्टार-600 व्यावसायिक जेट विमान का प्रारूप विकसित किया था। उसका उत्पादन अधिकार कैनाडएयर ने खरीदा था, जो 'चैलेंजर' नाम से बाजार में आया था। बाद में बॉम्बार्डियर द्वारा अधिग्रहण किए जाने के बाद से यह 'बॉम्बार्डियर चैलेंजर 600 शृंखला' के नाम से लोकप्रिय हुआ था।

लेकिन 7 सीटोंवाला क्रांतिकारी विमान 'लेअर एविया लेअर फैन 2100' बिल लेअर के जीवन की सबसे अधिक नवाचारी परियोजनाओं में से एक था, जिसमें इंजन के पीछे स्थापित एकमात्र हवाई पंखा (प्रोपेलर) को दो टरबाइन इंजन द्वारा संचालित किया गया था। लेकिन 14 मई, 1978 को करीब 75 वर्ष की आयु में बिल लेअर की पांडु रोग (लेकीमिया) के कारण मृत्यु हो जाने के कारण वह परियोजना स्थगित हो गई थी। उस समय बिल लेअर की कुल परिसंपत्ति का मूल्य 7.5 करोड़ डॉलर आँका गया था। बाद में उसकी कंपनियों का संचालन उसकी चौथी पत्नी मोया ओल्सेन लेअर ने किया था, जिससे उसकी चार संतानें थीं। तीन तलाकशुदा पत्नियों से उसकी तीन संतानें (पहली से दो और दूसरी से एक) थीं।

□

अध्याय 8

एडविन लैंड : एकमात्र 'पोलोराइड' से सफल हुआ विशेषज्ञ खोजी

बिल लेअर की तरह एडविन हर्बर्ट लैंड ने भी अपना सौभाग्य बनाने के लिए प्रौद्योगिकी का रास्ता चुना था; लेकिन वह लेअर की तरह हरफनमौला नहीं था। उसने अपना पूरा जीवन अपनी मूल खोज 'पोलोराइड' के आसपास ही केंद्रित रखा। इसका नतीजा यह हुआ कि उसने क्रांतिकारी त्वरित कैमरे का आविष्कार किया था, जिसके दम पर स्थापना के बाद के अगले करीब तीन दशकों में पोलोराइड कॉरपोरेशन के शेयर के भाव 2,000 गुना बढ़ गए थे। यानी यदि किसी ने सन् 1937 में इस कंपनी में 100 डॉलर का निवेश किया था तो 1960 के दशक के अंतिम वर्षों में उसकी कीमत 2,00,000 डॉलर से ऊपर हो गई थी।

ऐसी ही कंपनियों के दम पर वॉल स्ट्रीट के आसमानी सपने साकार होते रहे हैं। सट्टेबाजों को ऐसी ही नई कंपनियों की तलाश रहती है, जिसका संस्थापक कोई नवाचारी अनुसंधानकर्ता हो और वह भविष्य में क्रांतिकारी नतीजे देनेवाली हो। हालाँकि अब पोलोराइड कॉरपोरेशन इतिहास के झंझावात में चली गई है, 1990 के दशक तक वॉल स्ट्रीट में इसकी धूम रही थी। उस समय वॉल स्ट्रीट के जिन दिग्गजों ने इस कंपनी में शुरुआती पूँजी झोंकी थी, वे जानते थे कि नवजात पोलोराइड कॉरपोरेशन निकट भविष्य में कोई नकद कमाई देनेवाली नहीं थी। लेकिन उन्होंने एडविन लैंड की क्रांतिकारी प्रतिभा

को ठीक तरीके से टटोल लिया था। वह लेअर के उलट लैंड विशेषज्ञ था और कभी भी अपने ध्यान को भटकने नहीं दिया था। हाँ, वह बिल लेअर और इस पुस्तक के अन्य सफल व्यक्तियों की तरह ही बेचैन, बेसब्र उद्यमी जरूर था। उसने अपने जुनून से साबित किया था कि उच्चतम सफलता के लिए अपने मूल विषय पर केंद्रित होना कितना जरूरी होता है!

प्रकाशिकी पर मोहित किशोर : एडविन हर्बर्ट लैंड का जन्म 7 मई, 1909 को अमेरिका के न्यू इंग्लैंड क्षेत्र में सुदूर दक्षिणी राज्य कनेक्टिकट के सबसे बड़े औद्योगिक नगर के रूप में उभर रहे ब्रिजपोर्ट (फेयरफील्ड काउंटी, न्यूयॉर्क सिटी से 62.5 मील दूर) में हुआ था, जहाँ उसका पिता कबाड़खाने (स्क्रैप यार्ड) का संचालन करता था। उसकी माता मार्था गोल्डफादेन व पिता हैरी एमे लैंड पूर्वी यूरोपीय यहूदी मूल के अमेरिकी नागरिक थे, जिनका परिवार रूसी सरकार की प्रताड़ना से तंग आकर न्यूयॉर्क में शरणार्थी के रूप में आ बसा था। मार्था व हैरी दोनों ने अर्द्ध-सरकारी हाई स्कूल नॉर्विच फ्री एकेडमी (नॉर्विच, न्यू लंदन काउंटी, कनेक्टिकट) में स्कूली शिक्षा प्राप्त की थी, जहाँ बाद में एडविन व उसकी बड़ी बहन हेलेन को भी दाखिल किया गया था।

लड़कपन में एडविन को दिन के समय स्थानीय पुस्तकालय में जाने में बहुत आनंद आता था। वह सिर्फ पुस्तकों के लिए नहीं, बल्कि वहाँ मौजूद प्रकाशशील उपकरणों बहुरूप-दर्शक (कैलिडोस्कोप) व फिसल पट्टी प्रक्षेपक (स्लाइड प्रोजेक्टर/स्टीरियोप्टिकन) को चलाने जाता था। उसे बहुरूप-दर्शक में झाँककर दूसरे सिरे पर बननेवाला रंगीन प्रतिमान (पैटर्न) देखने में बहुत आनंद आता था; लेकिन तब वह यह नहीं समझ पाता था कि यह दृश्य बेलनाकार बरतन में रखे रंगीन मोती, कंकड़ व काँच के टुकड़ों के प्रतिबिंबों के कई दर्पणों से होकर बार-बार गुजरने के कारण बनता था। इसी तरह, स्टीरियोप्टिकन में विशेष स्लाइड डालने पर गुफाओं के जो अद्भुत त्रिआयामी दृश्य (थ्री डायमेंशनल व्यू) उभरते थे, उसे देखना एडविन को बहुत भाता था।

असल में जब एडविन 13 वर्ष का था, तब उसने न्यू इंग्लैंड (कनेक्टिकट) में आयोजित ग्रीष्मकालीन शिविर (समर कैंप) में भाग लिया था। उस दौरान उसके विज्ञान शिक्षक ने छात्रों को मेज पर रखे काँच के स्फटिक (क्रिस्टल) से चकाचौंध कर देनेवाले प्रकाश-पुंज को गुजारकर उन्हें एक बिंदु पर ध्रुवीकृत करनेवाला प्रयोग दिखाया था। इस प्रयोग को देखने के बाद एडविन प्रकाश-प्रभावों को लेकर इतना अधिक जिज्ञासु हो गया था कि रात को जॉन्स हॉपकिन्स विश्वविद्यालय के प्राध्यापक रॉबर्ट विलियम्स द्वारा लिखी गई प्रकाशिकी (ऑप्टिक्स) की पाठ्य-पुस्तकों का अध्ययन शुरू कर दिया था; लेकिन तब एडविन को भी कहाँ पता था कि निकट भविष्य में ही वह प्रकाश-तरंगों के ध्रुवीकरण (पोलोराइजेशन) पर क्रांतिकारी खोज करने वाला था।

अगले चार वर्षों तक इसी प्रकार स्वाध्याय करते हुए सन् 1926 में एडविन ने उच्चतर माध्यमिक शिक्षा पूरी की थी। फिर उसे हार्वर्ड विश्वविद्यालय में स्नातक विज्ञान-रसायन-शास्त्र (बी.एस.-केमेस्ट्री) के पाठ्यक्रम में दाखिला मिल गया था। इस बीच जब वह न्यूयॉर्क यात्रा पर था तो रात को मैनहट्टन की मुख्य सड़क ब्रॉडवे पर टहल रहा था। तब उसके दिमाग में एक क्रांतिकारी विचार कौंधा था। उसने सोचा था कि यदि मोटरगाड़ियों के वायु कवचों (विंडशील्ड) व अग्र-बत्तियों (हेडलाइट) पर प्रकाश-तरंगों का ध्रुवीकरण (पोलोराइजेशन) करनेवाली एक बहुत पतली-सी प्लास्टिक झिल्ली चिपका दी जाए तो मोटरवाहन चालकों को राजमार्गों पर रात में होनेवाली चकाचौंध के खतरों से बचाया जा सकता है। इसके बाद एडविन के दिमाग पर संभावित प्लास्टिक झिल्ली की खोज का मानो भूत ही सवार हो गया था। उसने प्रथम वर्ष की परीक्षा के तुरंत बाद हार्वर्ड से तीन वर्षों के लिए अनुपस्थिति की अनुमति ले ली थी और अपनी खोज को आगे बढ़ाने के लक्ष्य से न्यूयॉर्क सिटी में आ गया था।

पोलोराइजर का आविष्कार : एडविन ने न्यूयॉर्क के मैनहट्टन क्षेत्र में ब्रॉडवे की 55वीं सड़क पर एक तहखाना किराए पर लिया था और उसी में एक छोटी सी प्रयोगशाला भी स्थापित कर ली थी। वह दिन के 8 से 10 घंटे

न्यूयॉर्क पब्लिक लाइब्रेरी के अध्ययन कक्ष में अपनी खोज से संबंधित शोध ग्रंथों के अध्ययन में गुजारने लगा था और बाकी समय अपनी प्रयोगशाला के निवास में नए-नए प्रयोग करने में। जल्द ही उसके प्रयोग इतने उच्च स्तरीय हो गए थे कि उसके निजी प्रयोगशाला के उपकरण अक्षम साबित होने लगे थे। उसे अपने प्रयोग को आगे बढ़ाने के लिए जिन अत्याधुनिक उपकरणों की जरूरत थी, वे कोलंबिया विश्वविद्यालय (116वीं सड़क, ब्रॉडवे) की भौतिकी प्रयोगशाला में मौजूद थे। चूँकि वह किसी शिक्षण संस्थान का नियमित छात्र नहीं था, इसलिए उसे वहाँ प्रयोग की अनुमति नहीं मिल सकती थी। लेकिन एडविन हार माननेवालों में से नहीं था। जल्द ही उसने रात में गलियारा और बिना तालेवाली खिड़की के माध्यम से नौवीं मंजिल पर स्थित उस प्रयोगशाला में चोरी-छिपे घुसने का रहस्यमय जुगाड़ बना लिया था।

अपने पिता से 5,000 डॉलर की मदद लेकर एडविन ने सितंबर 1928 में प्रकाश तरंगों के ध्रुवीकरण (पोलोराइजेशन) में सक्षम प्लास्टिक झिल्ली तैयार करने की विधि को पूरी तरह दोष-रहित बना लिया था। फिर उसने एक वकील मित्र की सहायता से पेटेंट विशेषज्ञ वकील डोनाल्ड ब्राउन से संपर्क किया था, जिसने लगभग 40 वर्षों तक लैंड को अपनी सेवाएँ दी थीं और उसके नाम से कुल 533 अमेरिकी पेटेंट (जो सिर्फ थॉमस अल्वा एडीसन के कुल 1,093 पेटेंट से पीछे था) दाखिल किए थे। ब्राउन ने एडविन के प्रस्तावित 'पोलोराइजर' का पेटेंट आवेदन दाखिल कराया था। चूँकि पेटेंट कार्यालय में इससे संबंधित चार अन्य दावे पहले से ही विचाराधीन थे, इसलिए एडविन के दावे को भी अंतिम फैसले की सूची में शामिल कर लिया गया था।

इस बीच एडविन ने शादी कर ली थी और अनुपस्थिति की अनुमति का समय पूरा होने के बाद छूट गए पाठ्यक्रम को पूरा करने के लिए सन् 1929 में हार्वर्ड विश्वविद्यालय लौट गया था। हार्वर्ड ने अपने आविष्कारक छात्र की वापसी का स्वागत किया था। विश्वविद्यालय ने फिजिक्स बिल्डिंग में एडविन के लिए जरूरी उपकरणों से सुसज्जित अत्याधुनिक प्रयोगशाला की विशेष सुविधा प्रदान कर दी थी। एडविन के साथ उसकी पत्नी ने भी

उस प्रयोगशाला में काम करना शुरू किया था। इस बीच उनकी दो बेटियाँ पैदा हुई थीं। एडविन की पत्नी ने शोधकार्य त्याग दिया था और अपना सारा समय बच्चों के पालन-पोषण के लिए समर्पित कर दिया था।

खैर, एडविन लैंड ने तीन वर्षों के अनुसंधान के बाद सन् 1932 में हार्वर्ड में आयोजित विशेष भौतिकी सम्मेलन में अपनी पहले से उन्नत खोज—पहली व्यावहारिक 'ध्रुवीकरण सामग्री' (पोलोराइजिंग मैटेरियल) को सार्वजनिक किया था। हालाँकि उसका पाठ्यक्रम बहुत हद तक पूरा हो चुका था, फिर भी स्नातक की अंतिम उपाधि हासिल करने से पहले ही एडविन ने एक बार फिर हार्वर्ड से अनुपस्थिति की अनुमति ले ली थी। अब एडविन को फिर से पढ़ाई करने की जरूरत नहीं पड़ी थी; लेकिन सन् 1957 में हार्वर्ड विश्वविद्याल ने स्वयं ही अपने विश्वविख्यात हो चुके पुराने आविष्कार छात्र एडविन लैंड को 'डॉक्टर ऑफ साइंस' की मानद उपाधि से जरूर सम्मानित कर दिया था।

आविष्कारी ही नहीं, उद्यमी भी : एडविन लैंड सिर्फ आविष्कारक ही नहीं था, बल्कि वह शुरू से ही उद्यमशील रहा था। शुरुआती अनुसंधान की लागत तो पिता की ओर से आ चुकी थी, इसलिए अब वह किसी ऐसे साझीदार की तलाश में था, जो उसके सपनों के उद्यम में न केवल पूँजी लगाए, बल्कि उद्यम को आगे बढ़ाने में कंधे से कंधा मिलाकर काम करे। जी हाँ, एडविन लैंड को ऐसा साझीदार हार्वर्ड विश्वविद्यलय के भौतिकी विभाग में ही मिल गया था और वह था युवा प्राध्यापक जॉर्ज डब्ल्यू. व्हीलराइट, जो हाल में ही प्राध्यापक व एडविन लैंड का प्रयोगशाला अनुदेशक (लैब इंस्ट्रक्टर) भी नियुक्त था। व्हीलराइट बस, छह साल ही बड़ा था एडविन से और जब से दोनों की मुलाकात हुई थी, तभी से दोनों एक-दूसरे के हो गए थे।

एडविन के साथ-साथ व्हीलराइट ने भी उस सामग्री को तैयार करने में महत्त्वपूर्ण भूमिका अदा की थी, जो जल्द ही 'पोलोराइड' नाम से जाना जाने वाला था और चलचित्र देखनेवाले त्रिआयामी चश्मा बनाने में तथा मोटरवाहनों की हेडलाइट की चकाचौंध को खत्म करने में काम आने वाला था। व्हीलराइट ने ही एडविन के अंदर की उद्यमशीलता को हवा दी थी। वह समृद्ध परिवार से

था, इसलिए एडविन के सपने को व्यावसायिक स्वरूप देने के लिए आसानी से अधिकांश पूँजी का भी जुगाड़ कर सका था। वह एडविन की खोज की संभावना को लेकर इतना उत्साहित था कि खुद प्राध्यापक की नौकरी भी छोड़ दी थी और एडविन की भी बी.एस. की पढ़ाई छुड़वा दी थी। और इस तरह सन् 1932 में कैंब्रिज (मैसाचुसेट्स) दोनों की साझा कंपनी—लैंड व्हीलराइट लैबोरेटरीज की स्थापना संभव हुई थी।

सन् 1934 में पेटेंट प्रमाण-पत्र जारी होने से पहले दोनों ने 'पोलोराइड' से व्यावसायिक स्तर पर प्लास्टिक झिल्ली तैयार करने के लिए काफी संघर्ष किया था। लैंड व्हीलराइट लैबोरेटरीज का सबसे पहला ग्राहक ईस्टमैन कोडक कंपनी थी, जिसने उसे कैमरा फिल्टर बनाने का बड़ा आदेश दिया था। फिर अमेरिकन ऑप्टिकल कंपनी ने अपने धूप के चश्मों के लिए उससे अनुज्ञा-पत्र (लाइसेंस) खरीदा था। इतने बड़े ग्राहकों की बदौलत उनका काम चल निकला था। उसके बाद सन् 1935 में लैंड व्हीलराइट लैबोरेटरीज ने शैक्षिक झोला (एजुकेशनल किट) के रूप में अपना उत्पाद किया था, जो छात्रों के लिए 'प्रकाश के ध्रुवीकरण' को प्रदर्शित करता था।

अधिकतर लोग यही समझते हैं कि एडविन लैंड ने ही सबकुछ किया था, लेकिन सच्चाई यह है कि वह सिर्फ अनुसंधान का काम देखता रहा था; जबकि व्हीलराइट ने प्रबंधन, विपणन, वित्त-पोषण आदि सभी कारोबारी जिम्मेदारियाँ सँभाली थीं। व्हीलराइट ही वह व्यक्ति था, जिसने समूचे अमेरिका की यात्रा की थी, जगह-जगह भाषण दिए थे, प्रदर्शन किए थे, शोध-संस्थानों को नमूने भेजे थे और लोगों को समझाया था कि पोलोराइजर उत्पाद उनके लिए कितने उपयोगी थे। यही कारण था कि सन् 1935 में रॉयल फोटोग्राफिक सोसाइटी ऑफ ग्रेट ब्रिटेन ने एडविन लैंड को 'हुड मैडल' से सम्मानित किया था।

व्हीलराइट की कोशिशों का नतीजा था कि एडविन लैंड वॉल स्ट्रीट के दिग्गजों—जेम्स पी. वारबर्ग (एक जर्मन मूल के अमेरिकी बैंकर, जो तत्कालीन अमेरिकी राष्ट्रपति फ्रैंकलिन डी. रूजवेल्ट के सबसे विश्वस्त वित्तीय सलाहकार माने जाते थे), विलियम अवेरेल हैरीमन (डेमोक्रेटिक पार्टी

के नेता, व्यापारी व राजनयिक), लुईस स्ट्रॉस (यहूदी अमेरिकी व्यवसायी व नौसेना अधिकारी, जिन्होंने परमाणु हथियार व परमाणु ऊर्जा के विकास में प्रेरक शक्ति की भूमिका निभाई थी) सहित श्चोडर रॉकफेलर एंड कंपनी के निदेशकों के समक्ष प्रस्तुत हो सका था। लेकिन 26 वर्षीय युवा अनुसंधानकर्ता एडविन लैंड ने उन दिग्गजों को अपनी कारोबारी योजनाओं से इतना प्रभावित कर लिया था कि उन लोगों ने तत्काल प्रस्तावित कंपनी में सामूहिक तौर पर 3.75 लाख डॉलर की प्रारंभिक पूँजी के निवेश का फैसला कर लिया था। इतना ही नहीं, इस समूह ने मतदान शेयर अधिकांश एडविन लैंड के पास ही रहने दिए थे और अगले 10 वर्षों तक कंपनी का संपूर्ण नियंत्रण उसके हवाले कर दिया था। इस तरह लैंड व्हीलराइट लैबोरेटरीज को भंग कर पोलोराइड कॉरपोरेशन की स्थापना हुई थी, जिसे सितंबर 1937 में सार्वजनिक कर दिया गया था। एडविन लैंड को अध्यक्ष नियुक्त किया गया था और जॉर्ज डब्ल्यू. व्हीलराइट को उपाध्यक्ष की जिम्मेदारी सौंपी गई थी।

पोलोराइड कॉरपोरेशन के क्रांतिकारी उत्पाद : जल्द ही लैंड व व्हीलराइट की जोड़ी ने छोटी सी उच्च प्रौद्योगिकी कंपनी को उपभोक्ता उत्पाद कंपनी में बदल दिया था। सन् 1937 से 1941 के बीच, पोलोराइड कॉरपोरेशन का बिक्री राजस्व 1.42 लाख डॉलर से 10 लाख डॉलर के स्तर पर पहुँच चुका था। पोलोराइड के धूप-चश्मे 1.95 डॉलर प्रति जोड़ी की दर से आम उपभोक्ताओं के बीच तेजी से लोकप्रिय हो रहे थे। वैज्ञानिक प्रयोशालाओं में पोलोराइड फिल्टर की बिक्री लगातार बढ़ती जा रही थी और पोलोराइड का चकाचौंध-रहित स्टडी लैंप भी आम लोगों के बीच अपनी जगह बनाने लगा था।

इस बीच वर्ष 1939 के न्यूयॉर्क विश्व मेले में पोलोराइड कॉरपोरेशन ने अपने त्रिआयामी चश्मे के माध्यम से देखी जा सकनेवाले रंगीन चलचित्र का प्रदर्शन भी किया था। इतना ही नहीं, द्वितीय विश्वयुद्ध में अमेरिका के कूदने से पहले ही पोलोराइड कॉरपोरेशन ने सेना की जरूरत के उत्पाद विकसित करना शुरू कर दिया था, जिनमें अँधेरा अनुकूलक चश्मे (डार्क अडॉप्टर गॉगल्स), लक्ष्य खोजी (टारगेट फाइंडर) उपकरण, पहला अप्रतिरोधी निर्देशित 'स्मार्ट

बम' और वेक्टोग्राफ (त्रिआयामी दृष्टि प्रणाली, जो हवाई चित्रांकन—एरिअल फोटोग्राफी—में छिपे दुश्मन की स्थिति का पता लगा सकता था) शामिल थे।

लेकिन वॉल स्ट्रीट के दिग्गजों ने एडविन लैंड के जिस उत्पाद की अनंत संभावनाओं पर दाँव लगाया था, वह था प्रकाश को ध्रुवीकृत करनेवाली प्लास्टिक की झिल्ली पोलोराइड फिल्टर, जिसे स्थापना के पहले दशक में, यानी सन् 1937 से 1947 के बीच अमेरिका के हरेक मोटर वाहन के वायु कवच (विंडशील्ड) व हेडलाइट्स पर चिपकाए जाने का लक्ष्य निर्धारित किया गया था, लेकिन द्वितीय विश्वयुद्ध से पहले कंपनी के पास इतना वक्त नहीं था कि वह मोटरवाहन उद्योग को विश्वास में ले सके। चूँकि पोलोराइड कॉरपोरेशन का सारा ध्यान युद्ध उत्पादों पर केंद्रित था, इसलिए वर्ष 1941 से 1945 के बीच उसका बिक्री राजस्व 10 लाख डॉलर से 1.70 करोड़ डॉलर के स्तर पर पहुँच गया था, जो युद्ध खत्म होने के बाद वर्ष 1946 में 50 लाख डॉलर पर धड़ाम हो गया था। अब कंपनी की सारी उम्मीदें मोटर वाहन उद्योग द्वारा 'पोलोराइड फिल्टर' के अपनाने पर टिकी हुई थीं।

अंततः वर्ष 1947 में अमेरिका के मोटर वाहन उद्योग को समर्पित पहली परीक्षण की सुविधा—जनरल मोटर्स मिलफोर्ड जमीन साबित (मिलफोर्ड, मिशिगन) में पोलोराइड प्रणाली के गहन परीक्षण किए गए थे और वह सभी अभियांत्रिकी आवश्यकताओं पर खरी साबित हुई थी। लेकिन मोटर वाहन उद्योग ने पोलोराइड प्रणाली को अपनाने से इनकार कर दिया था। उद्योग का कहना था कि उसके पास राजमार्गों पर चल रहे लगभग 3.30 करोड़ मोटर वाहनों को नई प्रणाली प्रदान करने का कोई व्यावहारिक तरीका था ? साथ ही उद्योग ने यह आशंका भी जताई थी कि यदि नए वाहनों में यह प्रणाली अपनाई गई तो पुराने वाहनों के चालक खुद विकलांग हो जाएँगे; क्योंकि 'पोलोराइड फिल्टर' से लैस नए वाहनों की हेडलाइट्स में ज्यादा रोशनी प्रदान करनेवाले अधिक शक्तिशाली बल्ब के उपयोग की संभावना थी।

इतना ही नहीं, जब जनरल इलेक्ट्रिक ने यह साबित कर दिया था कि उसके नए बल्बों की ज्यादा चमक पहले से ही मौजूदा खतरे को नहीं

बढ़ाती थी तो पोलोराइड फिल्टर को अपनाए जाने की संभावना को और भी बड़ा झटका लगा था। इसके अलावा, उद्योग ने पुराने वाहनों को पोलोराइड फिल्टर से लैस करने की जरूरत को इसलिए भी गैर-जरूरी करार दिया था कि सड़कों पर दौड़ रहे अधिकांश वाहन विश्वयुद्ध से पहले के बने हुए हैं, इसलिए वे जल्द ही अनुपयोगी हो जाएँगे। इस तरह मोटर वाहन उद्योग ने एडविन लैंड की कोशिशों को कुछ समय के लिए नाकाम कर दिया था और मान लिया था कि अब यह मुद्दा नहीं उठेगा; लेकिन लैंड ने दूरगामी सोच के तहत 'पोलोराइड फिल्टर' को उन्नत बनाने का सिलसिला जारी रखा था और अंततः नए मोटर वाहनों में उसका उपयोग बढ़ने लगा था। लेकिन ऐसा होने से पहले सन् 1942 में जॉर्ज डब्ल्यू. व्हीलराइट ने त्याग-पत्र दे दिया था और उसके तीन वर्षों बाद सन् 1947 में पोलोराइड कॉरपोरेशन गंभीर आर्थिक संकट की तरफ तेजी से बढ़ने लगी थी। कंपनी का बिक्री राजस्व पिछले वर्ष के मुकाबले 35 लाख डॉलर से गिरकर 15 लाख डॉलर रह गया था। ऐसे में कंपनी 20 लाख डॉलर के परिचालन घाटे (ऑपरेटिंग लॉस) में चली गई थी; लेकिन घाटे को पीछे डालने के प्रावधान पर आधारित कर समंजन (टैक्स क्रेडिट) के माध्यम से लैंड ने कंपनी के शुद्ध घाटे (नेट लॉस) को 10 लाख डॉलर से नीचे रखा हुआ था।

इंस्टेंट कैमरे का आविष्कार : इस तरह एडविन लैंड के सामने पोलोराइड कॉरपोरेशन की वित्तीय संभावनाओं को बेहतर बनाए रखने की बहुत बड़ी चुनौती खड़ी हो गई थी। ऐसे में एडविन लैंड ने एक क्रांतिकारी आविष्कार इंस्टेंट कैमरा की घोषणा की थी, जो सिर्फ एक मिनट में चित्र निकालने में सक्षम था। लैंड ने इस आविष्कार का प्रेरणास्रोत अपनी तीन साल की बेटी को बताया था। असल में, द्वितीय विश्वयुद्ध के दौरान सन् 1943 में जब वह अपनी बेटी की तसवीर खींच रहा था तो उसने बेसब्री से पूछा था कि वह कितने समय में अपनी तसवीर को देख सकती थी? तब लैंड ने बेटी को फिल्म को विकसित करने की प्रक्रियाएँ समझाईं कि उसमें कई घंटे या दिन भी लग सकते थे। तभी लैंड के दिमाग में इंस्टेंट कैमरे के आविष्कार

का विचार कौंधा था, जो आनेवाले समय में 'पोलोराइड कैमरा' के रूप में लोकप्रिय होने वाला था।

लेकिन इंस्टेंट कैमरा बनाना कोई हँसी-खेल नहीं था। विशेष रूप से तब, जब बाहर का तापमान (फ्रीजिंग प्वॉइंट) यानी शून्य डिग्री (0°C) डिग्री से भी नीचे चल रहा हो, कैमरे के अंदर निगेटिव फिल्म से एक मिनट में पॉजिटिव तैयार करने के लिए पर्याप्त ऊष्मा उत्सर्जित कर पाना लैंड के लिए सबसे बड़ी चुनौती थी। ऐसे में लैंड को विशेष रसायन-युक्त कागज यानी पोजिटिव शीट के अनुसंधान में जुटना पड़ा था, जो न केवल फिल्म रोल की जरूरत को ही खत्म कर दे, बल्कि चित्र बिंदुओं (फोटो डॉट्स) को अपने ऊपर तत्काल उभरने दे। चूँकि युद्ध उत्पादों के विकास की व्यस्तताओं के बीच लैंड इंस्टेंट कैमरा व पॉजिटिव शीट के अनुसंधान के लिए ज्यादा समय नहीं निकाल सका था और उसके पास अनुभवी सहयोगियों का भी अभाव था, इसलिए अंतिम उत्पाद के विकास में काफी समय निकल गया था। सन् 1947 जब कैमरा पूरी तरह से तैयार हो गया था, तब उसकी लागत 80 से 90 डॉलर के बीच बैठ रही थी। चूँकि कंपनी भारी परिचालन घाटे से जूझ रही थी, इसलिए कैमरा व पॉजिटिव शीट के व्यावसायिक उत्पादन के जरूरी औजार तैयार करने के लिए जरूरी 3.5 लाख डॉलर का पूँजी व्यय का जुगाड़ भी काफी मुश्किल हो गया था।

खैर, वर्ष 1948 के अंत में लैंड ने किसी तरह नए कैमरे व फिल्म की बिक्री शुरू कर दी थी। चूँकि कंपनी राष्ट्रव्यापी विज्ञापन नहीं कर सकती थी, इसलिए जाड़े के मौसम में एकमात्र दक्षिण फ्लोरिडा के बाजारों में बिक्री की शुरुआत की गई थी। लैंड ने सोचा था कि मौखिक प्रचार से धीरे-धीरे उपभोक्ताओं को कैमरे की खूबियों का पता चलता जाएगा और देश के अन्य हिस्सों से भी माँग निकलनी शुरू हो जाएगी; लेकिन राष्ट्रव्यापी माँग तेज होने में करीब एक दशक का समय लग गया। इस बीच लैंड को चौतरफा आलोचना का शिकार बनना पड़ा; लेकिन उसे अपने क्रांतिकारी आविष्कार पर पूरा भरोसा था और वह उसमें लगातार सुधार करता रहा

था। मुख्य रूप से इंस्टेंट कैमरा फिल्म की बिक्री बढ़ते जाने के कारण सन् 1948 से 1958 के बीच पोलोराइड कॉरपोरेशन का बिक्री राजस्व 15 लाख डॉलर से बढ़कर 6.50 करोड़ डॉलर के स्तर पर पहुँच गया था और फिर अगले 10 वर्षों में 40 करोड़ डॉलर (1968) की ऊँचाई को छूने में सफल रहा था। इसका नतीजा यह हुआ था कि पोलोराइड कॉरपोरेशन का जो शेयर सन् 1956 में 12 डॉलर में बिक रहा था, अगले तीन वर्षों बाद 1959 में उसकी कीमत 100 डॉलर हो गई थी। जी हाँ, सन् 1958 में पोलोराइड फिल्म रोल का कुल बिक्री मूल्य करीब 2.50 करोड़ डॉलर था, जो 1960 के दशक के अंत में 20 करोड़ डॉलर के स्तर पर पहुँच गया था। इसी तरह कई विभाजनों के बाद 1960 के दशक के अंत में पोलोराइड कॉरपोरेशन के एक शेयर का भाव भी 600 डॉलर से ऊपर चला गया था।

पोलोराइड इंस्टेंट कैमरे की भारी लोकप्रियता को देखकर ईस्टमैन कोडक कंपनी ने भी वर्ष 1976 में वैसा ही कैमरा बाजार में उतार दिया था। लेकिन 14 वर्ष के कानूनी विवाद के बाद अक्तूबर 1990 में कोडक को पेटेंट उल्लंघन का दोषी पाया गया था और उसे पोलोराइड कंपनी को मुआवजा राशि के रूप में 90.9 करोड़ डॉलर देने का आदेश सुनाया गया था। लेकिन अंततः यह राशि घटाकर सिर्फ 3.60 करोड़ डॉलर कर दी गई थी।

अंतिम समय : इस बीच इंस्टेंट कैमरों की जबरदस्त सफलता के बावजूद एडविन लैंड द्वारा विकसित तत्काल फिल्म कैमरा प्रणाली 'पोलाविजन', जिसे वर्ष 1977 में बाजार में उतारा गया था, पोलोराइड कॉरपोरेशन के लिए वित्तीय आपदा साबित हुई थी। अंततः 27 जुलाई, 1982 को लैंड ने चेयरमैन पद से इस्तीफा दिया। उस वक्त लैंड के पास कंपनी के 28 लाख (8.6 प्रतिशत) शेयर थे, जिसकी कुल कीमत लगभग 6.17 करोड़ डॉलर (शेयर बाजार में उस दिन के बाद भाव के मुताबिक) थी। वैसे, लैंड कंपनी का ऑनरेरी चेयरमैन बना रहा था, लेकिन 3 लाख डॉलर का वार्षिक वेतन लेना बंद कर दिया था।

इससे दो वर्ष पहले सन् 1980 में एडविन लैंड ने अमेरिकन फिजिकल सोसाइटी के पहले प्रमुख हेनरी ऑगस्टस रोलैंड के नाम पर रोलैंड इंस्टीट्यूट

फॉर साइंस (केंडल वर्ग के नजदीक, कैंब्रिज, मैसाचुसेट्स) की स्थापना की थी। त्याग-पत्र के बाद उसका अधिकांश समय इसी संस्थान के विकास में गुजरा था, जिसमें उसने अपने सौभाग्य से लाखों डॉलर का दान किया था। इसके अलावा, लैंड अपने निजी अनुसंधान को आगे बढ़ाने और संघीय सरकार के सैन्य सलाहकार के रूप में व्यस्त रहा था। 1 मार्च, 1991 को कैंब्रिज के एक अस्पताल में उसकी मृत्यु हो गई थी। उसके काफी समय बाद 1 जुलाई, 2002 को रोलैंड इंस्टीट्यूट फॉर साइंस का हार्वर्ड विश्वविद्यालय में विलय कर दिया गया था और अब उसे 'रोलैंड इंस्टीट्यूट एट हार्वर्ड' कहा जाता है।

□

अध्याय 9

कॉनराड हिल्टन : दूसरों की पूँजी से बनाया होटल साम्राज्य

अभी तक आपने धनवान् बनने के कुल आठ तरीकों के बारे में पढ़ा है। अब इस अंतिम अध्याय में आप एक ऐसे उद्यमी के बारे में पढ़ने वाले हैं, जिसने एक मझले स्तर के पुराने होटल से अपना कारोबार शुरू किया था और उसकी कमाई से एक के बाद दूसरा होटल खरीदकर उसे विलासिता होटलों की विश्वव्यापी शृंखला में बदल दिया था। चौंकिए मत, उस व्यक्ति ने अपने पिता के कारोबार से सिर्फ 5,000 डॉलर की पूँजी जुटाई थी और बाकी सारा काम दूसरों के धन से किया था। 1930 के दशक में जब विश्व में महामंदी आई थी तो उसे तब तक के कुल आठ होटल बेचने पड़े थे; लेकिन उसके प्रति खरीदारों का विश्वास देखिए कि सभी ने उसी को उन होटलों के प्रबंधन की जिम्मेदारी सौंप दी थी। वह लगभग एक दशक तक विश्वव्यापी आर्थिक संकट से जूझता रहा था और फिर एक के बाद दूसरा होटल वापस खरीद लिया था और फिर उसे कभी भी पीछे मुड़कर देखने की जरूरत नहीं महसूस हुई थी।

जी हाँ, हम हिल्टन होटल समूह के संस्थापक कॉनराड निकोल्सन हिल्टन की बात कर रहे हैं। हिल्टन ने न केवल पिता के किराना भंडार पर काम किया था, बल्कि उच्च शिक्षा हासिल कर रिपब्लिकन पार्टी की उम्मीदवारी से न्यू मेक्सिको की राज्य विधानसभा में लगातार दो चुनाव भी जीते थे।

लेकिन राजनीति उसे रास नहीं आई थी। वह बैंक कारोबार में अपना भाग्य आजमाना चाहता था, लेकिन उसे अपना कारोबार बंद कर द्वितीय विश्वयुद्ध के दौरान आवश्यक सैन्य सेवा में जाना पड़ा था। सड़क दुर्घटना में पिता की अचानक मृत्यु के बाद उसके युवा कंधों पर अस्त-व्यस्त पारिवारिक कारोबार को सँभालने की जिम्मेदारी आ गई थी। उसे कुछ भी समझ नहीं आ रहा था कि क्या करे? फिर मृत्यु-शय्या पर पड़े एक मित्र ने उसे टेक्सास में भाग्य आजमाने की सलाह दी थी। उसने बैंक क्रेडिट से पहला होटल खरीदा था, जो उसके सौभाग्य का काम साबित होने वाला था। उसमें होटल परिसंपत्ति की संभावना को परखने की अद्भुत क्षमता आ गई थी और उसने दूसरों की संपत्ति व पूँजी से विशाल होटल साम्राज्य स्थापित कर लिया था।

शिक्षा, राजनीति व पिता का कारोबार : कॉनराड निकोल्सन हिल्टन का जन्म 25 दिसंबर, 1887 दक्षिण-पश्चिमी अमेरिकी प्रांत न्यू मेक्सिको के यात्री शहर सैन एंटोनियो (सोकोर्रो काउंटी) में हुआ था। यह शहर 232 वर्ग कि.मी. में फैले अमेरिका के विशालतम वन्य जीव शरण-स्थलियों में से एक 'बोस्क डेल अपाचे नेशनल वाइल्ड लाइफ रिफ्यूज' का प्रवेश द्वार है। हालाँकि वर्ष 1939 में इसे संरक्षित क्षेत्र घोषित किया गया था, लेकिन यह शुरू से ही मूल अमेरिकी जनजाति 'अपाचे' समुदाय का निवास-स्थल रहा था। यहाँ की विशाल आर्द्र-भूमि (वेटलैंड) व जंगलों में पक्षियों की करीब 377 प्रजातियाँ पाई जाती हैं। सन् 1947 के बाद से यह शहर 8,300 वर्ग कि.मी. में फैला अमेरिका का सबसे बड़ा सैन्य स्थापना व्हाइट सेंड्स मिसाइल रेंज (डब्ल्यू.एस.एम.आर.) जानेवाले यात्रियों के लिए मुख्य पड़ाव स्थल भी बन गया है। वैसे यह शहर अभी भी आंशिक रूप से कृषि बाजार क्षेत्र ही है।

कॉनराड हिल्टन का पिता ऑगस्टस हल्वोर्सेन हिल्टन (1854-1919) नार्वे (हिल्टन, उलेनसेकर, एॅकेर्शुस) मूल का आप्रवासी था। वह सैन एंटोनियो के शुरुआती बाशिंदों में था, जिसने उस ग्रामीण इलाके को कृषि बाजार के रूप में विकसित करने में महत्त्वपूर्ण भूमिका निभाई थी। उसकी माँ मेरी गेनेविएवे लौफरस्वेइलेर (फोर्ट डॉज, वेबस्टर) आयोवा जर्मन मूल की

अमेरिकी थी। ऑगस्टस हिल्टन ने यहाँ पर कच्ची देसी शराब के साथ-साथ सादे बुने कपड़े 'कैलिको' के थान बेचने का धंधा शुरू किया था। वह बहुत ही उद्यमशील व्यक्ति था और उसने जनजातीय समुदाय द्वारा खोजी गई एक कोयला खदान खरीद ली थी और धीरे-धीरे वहाँ के छोटे स्थानीय समुदाय के लगभग सभी लोगों को रोजगार देने लगा था। इसके साथ ही उसने स्थानीय किसानों की कृषि उपज की खरीद-बिक्री का धंधा शुरू कर लिया था और जल्द ही किराना भंडार, डाक खाना एवं कुछ कमरों का अतिथि गृह (गेस्ट हाउस) भी खोल लिया था।

कॉनराड हिल्टन के सात सहोदर (पाँच बहनें व दो भाई) थे। उसने तत्कालीन न्यू मेक्सिको क्षेत्र की गॉस मिलिट्री एकेडमी (अब न्यू मेक्सिको मिलिट्री इंस्टीट्यूट, रोसवैल, चावेस काउंटी) में उच्चतर माध्यमिक शिक्षा पूरी करने के बाद सेंट माइकल कॉलेज (अब सांता फे यूनिवर्सिटी ऑफ आर्ट एंड डिजाइन, सांता फे) से स्नातक और न्यू मेक्सिको स्कूल ऑफ माइंस (अब न्यू मेक्सिको इंस्टीट्यूट ऑफ माइनिंग एंड टेक्नोलॉजी, सोकोर्रो) से खनन इंजीनियर की तकनीकी उपाधि भी हासिल की थी। इस दौरान नई कारोबारी संभावनाओं को देखते हुए हिल्टन परिवार कुछ समय के लिए कैलिफोर्निया में स्थानांतरित हो गया था; लेकिन आर्थिक मंदी के चलते वहाँ काफी धन का नुकसान हुआ था और पूरा परिवार फिर से सैन एंटोनियो वापस आ गया था। पढ़ाई पूरी करने के बाद 21 वर्ष की उम्र में कॉनराड हिल्टन ने अपने पिता के भंडार में काम शुरू कर दिया था। जल्द ही उसने पिता के संपूर्ण कारोबार का प्रबंधन अपने हाथों में ले लिया था। अब उसने लाभ में अपनी हिस्सेदारी भी निश्चित कर ली थी।

वर्ष 1912 में जब न्यू मेक्सिको को राज्य का दर्जा प्राप्त हुआ था तो उसने रिपब्लिकन पार्टी के उम्मीदवार के रूप में राज्य विधानसभा सदस्य का चुनाव भी जीता था। दो कार्यकाल पूरा करने के बाद वह विधायिका के चालाकीपूर्ण सौदों एवं लालफीताशाही पर इतना निराश हुआ था कि अंततः राजनीति ही छोड़ दी। सैन एंटोनियो वापस आने के बाद उसने 3,000 डॉलर

की शुरुआती पूँजी जुटाई थी और पिता द्वारा शुरू किए गए बैंक कारोबार को फिर से संगठित किया था। लेकिन जैसे ही अमेरिका ने प्रथम विश्वयुद्ध में प्रवेश किया था, हिल्टन को अपना बैंक बेचकर स्वयं को सैन्य सेवा के लिए सूचीबद्ध करना पड़ा था। उसने फ्रांस में अमेरिकी सेना की सैन्य रसद शाखा 'क्वार्टर मास्टर कोर' में अपनी सेवाएँ दी थीं। लेकिन वर्ष 1919 में एक कार दुर्घटना में पिता की मृत्यु के बाद उसे सैन्य प्रभार से मुक्त कर दिया गया था। वापस सैन एंटोनियो आने के बाद हिल्टन को पिता का सारा कारोबार सँभालना पड़ा था, जो काफी उथल-पुथल के दौर से गुजर रहा था।

मोब्ले होटल की खरीदारी : असल में, पिता की अचानक मृत्यु के बाद युवा कॉनराड हिल्टन को कुछ भी समझ नहीं आ रहा था कि आखिर वह करे तो क्या करे। इसी दौरान वह अलबुकर्क (मध्य न्यू मेक्सिको) स्थित अपने एक पुराने मित्र एमेट वॉघेय का हाल-चाल पूछने गया था, जो बहुत बीमार था। तब उस मित्र ने हिल्टन को कहा था, "मुझे इस दुनिया की चाहत नहीं है। ईश्वर मुझे जल्द ही ले जाने वाला है। लेकिन यदि तुम टेक्सास जाओगे तो तुम अपना सौभाग्य बना लोगे।" याद रहे कि उस समय टेक्सास में तेल कारोबार की धूम मची हुई थी और उस धंधे में लोग रातोरात अमीर बन रहे थे।

वैसे तो हिल्टन ने मृत्यु-शय्या पर पड़े मित्र की सलाह को भगवान् का आदेश ही माना था और उस पर अमल करने का भी फैसला कर लिया था, लेकिन फिर भी वह यह तय नहीं कर पा रहा था कि आखिरकार वह चाहता क्या था। बैंक कारोबार या कुछ और? ऊहापोह की स्थिति में वह सीधे विचिटा फाल्स (टेक्सास) पहुँच गया था, जहाँ से उसे एक बैंक के बिकाऊ होने की खबर मिली थी। वैसे तो हिल्टन के पास नकद पूँजी करीब 5,000 डॉलर ही थी, लेकिन वह बैंक साख से बड़ी रकम जुटाने में सक्षम था। हालाँकि बैंक के मालिक ने किसी भी कीमत पर अपना बैंक बेचने से तो मना कर दिया था, लेकिन हिल्टन को एक सलाह दे दी थी, "तुम क्यों नहीं दक्षिणी तेल में जाते हो?" हिल्टन को उसकी बात जँची थी और वह सिस्को (ईस्टलैंड काउंटी) जा पहुँचा था।

हालाँकि उस समय तेल कारोबार उछाल में ईस्टलैंड काउंटी के अन्य तीन शहरों—रेंजर, ईस्टलैंड व डेस्डेमोना की तुलना में सिस्को का सबसे कम योगदान रहा था, लेकिन वहाँ की जनसंख्या सबसे अधिक तेजी के साथ बढ़ रही थी। हिल्टन ने अपनी चाहत के मुताबिक मझले कारोबारी स्तर का एक बैंक खोज निकाला था, जो 75,000 डॉलर पर बिकाऊ था। तब उसने टेक्सास प्रांत के सुदूर पश्चिमी कोने स्थित एल पासो में अपने वित्त-पोषक बैंक अधिकारी मित्र से मुलाकात की थी। उसने बैंक की कीमत को सस्ता बताया था और तत्काल खरीद के लिए अपेक्षित उधार भी देने को तैयार हो गया था। बैंक कारोबार के बड़े-बड़े सपने बुनता हुआ वह वापस सिस्को पहुँचा था और बिकाऊ बैंक के मालिक को खरीद प्रस्ताव का तार भेजा था। हिल्टन की बेसब्री को देखकर उसने कीमत को 5,000 डॉलर बढ़ाकर 80,000 डॉलर कर दिया था। यह हिल्टन के सहज ज्ञान और पिता के साथ वर्षों के कारोबारी अनुभव के सख्त खिलाफ था। वह सोच भी नहीं सकता था कि कोई अपनी माँगी गई कीमत पर तैयार ग्राहक से ज्यादा कैसे माँग सकता था।

इस घटना से हिल्टन काफी गुस्से में आ गया था और सिस्को में निवेश के अन्य विकल्प खोजने शुरू कर दिए थे। इसी उधेड़बुन में वह उस रात शहर के सबसे व्यस्त 'मोब्ले होटल' को देखने गया था, जो सिर्फ 8 घंटे के लिए कमरा देता था और हर 24 घंटे में तीन ग्राहक बदलता था। जब वह होटल मालिक से मिला था तो उसने माना था कि वह अच्छा कारोबार कर रहा था; लेकिन उसे तेल कारोबार में इससे भी ज्यादा की उम्मीद थी। लेकिन जब हिल्टन ने होटल खरीदने का प्रस्ताव रख दिया तो उसने बेसब्री न दिखाते हुए कुछ समय बाद होटल बेचने की बात कही थी। लेकिन जब उसने अपना खाता दिखाया तो रोजाना के नकद-प्रवाह को देखकर हिल्टन को यह अनुमान लगाते हुए देर नहीं लगी थी कि वह खरीद की सारी लागत पहले ही साल में निकाल लेगा। ठीक उसी वक्त कॉनराड हिल्टन को मानो दिव्य ज्ञान प्राप्त हो गया था कि मरते हुए मित्र की भविष्यवाणी यहीं और इसी कारोबार में सच होगी। तभी उसने होटल मालिक को अपना अंतिम फैसला सुना दिया था,

''मैं ही इस होटल को खरीदूँगा।'' और उसने वर्ष 1919 में ही 40 कमरोंवाले 'मोब्ले होटल' को 35,000 डॉलर वित्त-पोषण से खरीद लिया था।

शुरुआती होटल कारोबार : होटल कारोबार में सफलता सुनिश्चित करने के लिए कॉनराड हिल्टन ने हमेशा दो मूल सिद्धांतों का अनुसरण किया था। पहला, ग्राहक की माँग के मुताबिक अधिक-से-अधिक स्थान की उपलब्धता और दूसरा यथासंभव बेहतरीन सेवा। 'मोब्ले होटल' का कामकाज सँभालने के तत्काल बाद हिल्टन ने वहाँ उपलब्ध स्थानों का बारीकी से मुआयना किया था। उसे तत्काल पता चल गया था कि अधिकतर अतिथि होटल में सिर्फ ठहरने के लिए ही आ रहे थे और भोजन के लिए बाहर ही जाया करते थे। ऐसे में भोजन-कक्ष लगभग खाली ही पड़ा रहता था और खाद्य सेवा से होटल को कोई कमाई नहीं हो रही थी। इसके उलट, कमरों व बिस्तरों की भारी माँग थी। इसलिए हिल्टन ने भोजन कक्ष में कई बिस्तर लगवा दिए थे। फिर हिल्टन ने ग्राहक से और अधिक कमाई का जरिया निकाल लिया था। उसने स्वागत कक्ष के खंभों के चारों तरफ छोटी सी खिड़की दुकान बनवाई थी, जिसमें अखबार, पत्रिका, रेजर, टूथब्रश, टूथपेस्ट, नहाने व कपड़े धोने के साबुन, जूता पॉलिश जैसी रोजाना खपत की वस्तुओं को प्रदर्शित किया गया था। बाद में एक साक्षात्कार में हिल्टन ने बताया था कि उस खिड़की दुकान से उसे औसतन 8,000 डॉलर प्रति माह की कमाई होने लगी थी।

इस तरह अनुमान के मुताबिक, हिल्टन पहले ही वर्ष में उस होटल में निवेश की गई पूँजी को वापस निकाल पाने में सफल रहा था। अब हिल्टन का आत्मविश्वास बढ़ गया था और उसके परिवार को भी उसकी उद्यमशीलता पर पक्का भरोसा हो चुका था। अब तक हिल्टन के मन में बड़ी होटल श्रृंखला बनाने का सपना पलने लगा था। कारोबार में आने के दूसरे वर्ष में ही हिल्टन ने उत्तर-मध्य टेक्सास के सबसे संभावनाशील शहर फोर्टवर्थ में अपने दूसरे होटल मेल्बा होटल को खरीद लिया था। उसके बाद वह लगातार मझले स्तर के होटल खरीदता चला गया था और सन् 1924 में 350 होटल कमरों का मालिक बन गया था।

हिल्टन शृंखला की शुरुआत : अब तक के सभी होटल पुराने थे, जिनका हिल्टन ने नवीनीकरण किया था; लेकिन अब वह टेक्सास के कारोबारी केंद्र डलास के नगर केंद्र में 324 कमरोंवाले 14 मंजिला आलीशान होटल का निर्माण करने जा रहा था, जिसके साथ 'हिल्टन' नाम भी जुड़ने वाला था। 24 जुलाई, 1924 को भूमि-पूजन के साथ उसका निर्माण शुरू हुआ था और 6 अगस्त, 1925 को 'लास हिल्टन होटल' अतिथियों के लिए खोल दिया गया था। अब तक हिल्टन ने 1 लाख डॉलर के नीचे का होटल खरीदा था और उसकी गिनती मझले दर्जे के होटल व्यापारियों में होती रही थी, लेकिन 'डलास हिल्टन होटल' की लागत 13.60 लाख डॉलर थी। इसके साथ ही एक झटके में कॉनराड हिल्टन ने अपना नाम बड़े कारोबारियों की सूची में डाल लिया था। इसी वर्ष 38 वर्ष के हिल्टन ने मैरी एडिलेड बैरन से शादी भी की थी। लेकिन नौ वर्षों तक साथ रहने के बाद वर्ष 1934 में दोनों अलग हो गए थे।

इसके बाद मानो हिल्टन को पंख ही लग गए थे। उसने अगले पाँच वर्षों में तीन शानदार होटलों का शुभारंभ किया था—वर्ष 1927 में 'अबिलीन हिल्टन' (अबिलीन, पश्चिम-मध्य टेक्सास), 1928 में 'वाको हिल्टन' (वाको, मैकलेनन काउंटी, ब्राजोस नदी के किनारे डलास व ऑस्टिन के बीच में, टेक्सास) और 1930 में 'एल पासो हिल्टन' (एल पासो, सुदूर पश्चिमी टेक्सास); लेकिन तब तक महामंदी का दौर शुरू हो चुका था। अमेरिका की 80 प्रतिशत होटल कंपनियाँ बरबाद हो चुकी थीं। कॉनराड हिल्टन कोई खुदा नहीं था। उसने भी बैंक के वित्त-पोषण से ही सभी होटलों के निर्माण किए थे। वह करीब 5 लाख डॉलर के कर्ज में आ गया था। ऐसे में उसे अपने सभी होटल दूसरे मालिकों को बेचने के लिए मजबूर होना पड़ा था।

रोचक तथ्य यह है कि खरीदारों ने उसे उन सभी होटलों के संचालन की जिम्मेदारी दे दी थी। शुक्र था कि हिल्टन को तेल क्षेत्र के पट्टों में अच्छा लाभ कमाने का मौका मिला था। उस धन का उपयोग कर उसने न केवल अपना कर्ज उतार दिया था, बल्कि एक के बाद दूसरे अपने सभी होटल वापस खरीद भी लिये थे। फिर वर्ष 1939 में हिल्टन ने टेक्सास के बाहर निकलकर

अपने गृह राज्य न्यू मेक्सिको के सबसे संभावनाशील नगर अल्बुकुर्क के नगर केंद्र में राज्य के पहले सबसे आधुनिक होटल का निर्माण किया था, जो सन् 1984 में ऐतिहासिक स्थलों की राष्ट्रीय धरोहर में शामिल किया गया था। अब यह 'होटल अंदालूज' नाम से जाना जाता है।

हिल्टन समूह का तेज विस्तार : महामंदी खत्म होने के बाद सन् 1942 में हिल्टन ने अपना मुख्यालय हॉलीवुड की रंगीनियों के आसपास लॉस एंजिल्स के महँगे इलाके बेल एयर में स्थानांतरित कर लिया था। सन् 1943 में हिल्टन ने न्यूयॉर्क सिटी के मिडटाउन मैनहट्टन में ताबड़तोड़ दो ऐतिहासिक परिसंपत्तियों—रूजवेल्ट होटल व प्लाजा होटल का अधिग्रहण किया था। इस तरह हिल्टन समूह अमेरिका की पहली होटल शृंखला बन गया, जो पूर्वी व पश्चिमी समुद्र-तटीय इलाकों तक फैल चुकी थी। अब हिल्टन ने रूजवेल्ट होटल के 'प्रेसिडेंशियल सुइट' को अपना न्यूयॉर्क निवास बना लिया था। सन् 1946 में हिल्टन होटल्स कॉरपोरेशन का गठन हुआ था और न्यूयॉर्क स्टॉक एक्सचेंज में सूचीकरण के साथ उसे सार्वजनिक कर दिया गया था।

लेकिन कॉनराड हिल्टन को अंतरराष्ट्रीय ख्याति तब मिली थी, जब 12 अक्तूबर, 1949 को उसने न्यूयॉर्क स्टेट रियल्टी एंड टर्मिनल कंपनी से 30 लाख डॉलर में वाल्डोर्फ एस्टोरिया न्यूयॉर्क (301, पार्क एवेन्यू, मैनहट्टन) के ऐतिहासिक महत्त्व के दोनों विशाल भवनों सहित उसका परिचालन अधिकार भी खरीद लिया था। (सन् 1977 में हिल्टन समूह ने होटल की जमीन भी खरीद ली थी।) उस सौदे को 'टाइम' पत्रिका ने अपने अंतरराष्ट्रीय संस्करण की आवरण कथा बनाया था और आवरण पृष्ठ पर कॉनराड हिल्टन की तसवीर प्रकाशित की थी। उससे पहले पत्रिका ने किसी होटल व्यवसायी को इतनी प्रमुखता के साथ आवरण पृष्ठ पर स्थान नहीं दिया था। सन् 1949 में हिल्टन समूह ने हिल्टन होटल्स इंटरनेशनल कंपनी की स्थापना की थी, जिसने कैरेबियाई द्वीप समूह स्थित प्यूर्टो रिको गणराज्य की राजधानी सैन जुआन में प्यूर्टो रिको औद्योगिक विकास कंपनी द्वारा विकसित विशाल होटल का परिचालन अधिकार खरीदकर 9 दिसंबर, 1949 को 'कैरिब हिल्टन

होटल' का शुभारंभ किया था। इसके साथ ही हिल्टन समूह विश्व की पहली अंतरराष्ट्रीय होटल श्रृंखला बन गया था।

अब कॉनराड हिल्टन के हाथों में दो कंपनियाँ थीं। हिल्टन होटल्स कॉरपोरेशन अमेरिका में तेजी से विस्तार कर रहा था और हिल्टन होटल्स इंटरनेशनल कंपनी विश्व भर में अपने पाँव पसार रही थी। कंपनी ने दुनिया भर के करोड़पतियों, व्यापारियों, राजपरिवारों व फिल्मी हस्तियों को आकर्षित करना शुरू किया था और अपने होटलों में उनके लिए बेहतरीन सुविधाओं का इंतजाम किया था। अब तक हिल्टन श्रृंखला दुनिया भर के धनी व्यक्तियों के लिए पहली पसंद बन चुकी थी। महामंदी के बाद की तेजी के कारण लगभग सभी होटलों का कारोबार तेजी से बढ़ रहा था। ऊपर से दुनिया भर के बड़े निवेशक ऊँची कीमतों पर हिल्टन कॉरपोरेशन में अपनी हिस्सेदारियाँ सुरक्षित करने की कोशिशों में जुटे हुए थे।

वैसे तो कॉनराड हिल्टन विश्व होटल उद्योग का बेताज बादशाह बनकर उभर रहा था, लेकिन उसकी बादशाहत का प्रमाणित होना अभी बाकी था। संभवतः इसीलिए उसने सन् 1954 में 11.10 करोड़ डॉलर में अपनी मुख्य प्रतिस्पर्धी श्रृंखला 'स्टेटलर होटल्स कंपनी' को खरीद लिया था। इस सौदे ने दुनिया भर के वित्तीय बाजारों में तहलका मचा दिया था, क्योंकि यह अमेरिकी इतिहास का तब तक का सबसे बड़ा सौदा था। उससे पहले तक किसी ने यह नहीं सोचा था कि कॉनराड हिल्टन इतना बड़ा जोखिम भरा कदम भी उठा सकता था; लेकिन कॉनराड हिल्टन जोखिमबाज ही नहीं था। यदि दुनिया भर के धनाढ्य लोग हिल्टन होटल को अपनी पहली पसंद बना रहे थे तो इसका वास्तविक कारण यह था कि हिल्टन ने हमेशा ग्राहकों की अपेक्षाओं से बढ़कर नवाचारी सुविधाएँ प्रदान करने की कोशिशें की थीं। चाहे सभी अतिथि कक्षों में टेलीविजन की स्थापना हो या फिर अन्य तकनीकी सुविधाएँ, सबकुछ पहले-पहल हिल्टन के होटलों में संभव हो सका था।

अंतिम समय : अगले दशक में हिल्टन समूह का कारोबार सामान्य गति से विश्व भर में फैल रहा था। इस बीच कॉनराड हिल्टन ने सन् 1942 में हंगरी

मूल की अमेरिकी अभिनेत्री जा गाबोर से शादी की थी, जो चार वर्षों बाद 1946 में ही टूट गई थी। इस बीच, कॉनराड ने अपनी आत्मकथा 'बी माय गेस्ट' भी लिख डाली थी, जो सन् 1957 में प्रकाशित हुई थी और 'होटल उद्योग की बाइबिल' समझी गई थी। इससे पहले कॉनराड ने सन् 1954 में अपने पुत्र विलियम बैरन को हिल्टन समूह में शामिल किया था और उपाध्यक्ष के रूप में फ्रेंचाइजी कारोबार की जिम्मेदारी दी थी। बैरन कॉनराड की पहली पत्नी मैरी एडिलेड बैरन (1906-1966) का दूसरा पुत्र (जन्म 1927) था। अगले एक दशक में बैरन हिल्टन अपने पिता की लगभग हरेक जिम्मेदारी को सँभालने लगा था और समूह का कारोबार तेजी से आगे बढ़ा रहा था।

यही कारण था कि सन् 1966 में कॉनराड हिल्टन ने अध्यक्ष के रूप में अपने होटल साम्राज्य की कार्यकारी कमान बैरन हिल्टन के हाथों में सौंप दी थी; लेकिन खुद को निदेशक मंडल का चेयरमैन बनाए रखा था। अब वह अपना अधिकांश समय 'कॉनराड एन हिल्टन फाउंडेशन' की विश्वव्यापी सामाजिक गतिविधियों में लगाने लगा था। उसने इस संस्था की स्थापना सन् 1944 में ही की थी, जिसका मुख्य उद्देश्य 'दुनिया भर में मानवीय पीड़ा का उन्मूलन' था। कॉनराड ने 88 वर्ष की उम्र में सन् 1976 में 61 वर्षीय मैरी फ्रांसिस केली (पूर्व बिक्री प्रबंधक, यूनाइटेड एयरलाइंस) से तीसरी शादी की थी। 3 जनवरी, 1979 को जब कॉनराड हिल्टन की डलास (जहाँ उसने पहला हिल्टन होटल बनाया था) में मृत्यु हुई थी, तब हिल्टन होटल शृंखला के अमेरिका के 38 महानगरों में 188 और विदेशों में 54 होटल थे।

रोचक तथ्य यह है कि मृत्यु से पहले कॉनराड हिल्टन ने होटल शृंखला में अपनी शेयर हिस्सेदारी (1.35 करोड़ शेयर) सहित अपनी कुल परिसंपत्ति का 97 प्रतिशत फाउंडेशन के नाम वसीयत कर दिया था; लेकिन बैरन हिल्टन ने पिता के उत्तराधिकार पर अपना दावा पेश कर दिया था। नौ वर्षों की बहस के बाद अदालत वर्ष 1989 में निपटान को अंतिम रूप दे सकी थी। न तो बैरन हिल्टन ने और न ही फाउंडेशन ने शेयर के बदले में किसी प्रकार भुगतान का लेन-देन किया था, बल्कि उसे आपस में विभाजित कर लिया था। बैरन

हिल्टन को 40 लाख शेयर व कॉनराड एन. हिल्टन फाउंडेशन को 35 लाख शेयर मिले थे; जबकि बाकी 60 लाख शेयर को बैरन हिल्टन द्वारा संचालित 'डब्ल्यू. बैरन हिल्टन चैरिटेबल रिमेंडर यूनिट्रस्ट' के खाते में डाल दिया गया था। वर्ष 2007 में प्राइवेट इक्विटी फर्म ब्लैकस्टोन ग्रुप ने 27 अरब डॉलर नकद (7.5 अरब डॉलर कर्ज सहित) में हिल्टन होटल कॉरपोरेशन (76 देशों में 2,800 होटलों की श्रृंखला) खरीद लिया था। फिर 25 दिसंबर, 2007 को बैरन हिल्टन ने घोषणा की थी कि वह अपने पिता के नक्शे-कदम पर चलते हुए अपनी संपत्ति का 97 प्रतिशत (उस समय लगभग 2.3 अरब डॉलर) कॉनराड एन. हिल्टन फाउंडेशन के लिए छोड़ देगा।

□□□